História dos Vampiros

Das origens ao mito moderno

Andrezza Christina Ferreira Rodrigues

História dos Vampiros

Das origens ao mito moderno

© 2012, Madras Editora Ltda.

Editor:
Wagner Veneziani Costa

Produção e Capa:
Equipe Técnica Madras

Revisão:
Maria Cristina Scomparini
Tatiana B. Malheiro
Sônia Batista

Dados Internacionais De Catalogação Na Publicação (Cip)
(Câmara Brasileira Do Livro, Sp, Brasil)

Rodrigues, Andrezza Christina Ferreira
História Dos Vampiros: Das Origens Ao Mito Moderno / Andrezza Christina Ferreira Rodrigues. -- São Paulo : Madras, 2012.
Bibliografia
Isbn 978-85-370-0753-2

1. Mitos 2. Vampiros - História I. Título.
12-02911 Cdd-398.109

Índices Para Catálogo Sistemático:
1. Vampiros : Lendas : Folclore 398.109

É proibida a reprodução total ou parcial desta obra, de qualquer forma ou por qualquer meio eletrônico, mecânico, inclusive por meio de processos xerográficos, incluindo ainda o uso da internet, sem a permissão expressa da Madras Editora, na pessoa de seu editor (Lei nº 9.610, de 19.2.98).

Todos os direitos desta edição reservados pela

MADRAS EDITORA LTDA.
Rua Paulo Gonçalves, 88 — Santana
CEP: 02403-020 — São Paulo/SP
Caixa Postal: 12183 — CEP: 02013-970
Tel.: (11) 2281-5555 — Fax: (11) 2959-3090
www.madras.com.br

ÍNDICE

Lista de Ilustrações 7
Introdução 9
Os Precursores dos Vampiros 13
   Os antigos 14
   A Idade Média: origens da crença 16
O Vampiro se Torna Vampiro 25
   Vampiros, feiticeiras e lobisomens 27
   O privilégio da razão: a contribuição
   do Iluminismo 31
   O Romantismo e a caracterização estética
   do vampiro 35
Enfim, o Vampiro Moderno 39
   A estratégia narrativa em *Drácula* 44
   Modernidade, tradição – de Londres
   à Transilvânia 50
   O sangue 61
   Saúde mental 65

Dr. Abraham Van Helsing 70

Drácula 76

Saúde pública e conflitos de gênero 85

O Vampiro Pós-Drácula: O Século XX 101

O retorno do vampiro romântico 106

Bibliografia 115

LISTA DE ILUSTRAÇÕES

Figura 1 – Francisco Goya, *Saturno devorando os seus filhos*, 1815, Madri, Museu do Prado 17

Figura 2 – Arnold Böcklin, *Peste*, 1898, Basileia, Kunstmuseum 19

Figura 3 – Francisco Goya, *O sabá das bruxas*, 1791-1798, Madri, Museo Lazaro Galdiano............ 28

Figura 4 – Franz Von Stuck, *Lúcifer*, 1891, Sofia, National Gallery for Foreign Art. 32

Figura 5 – Edvard Munch, *Vampire*, 1895, Oslo, Munch Museet. 55

Figura 6 – Richard Cooper Tennant, *Syphilis*, 1912, Londres, Wellcome Institute Library 64

Figura 7 – Jacob Cornelisz van Oostsanen, *Saul e a bruxa de Endor*, 1526, Amsterdã, Rijskmuseum 92

Figura 8 – *Nosferatu, uma sinfonia de horror*, de W. Murnau, 1922 102

INTRODUÇÃO

O fascínio que os vampiros exercem nos dias de hoje é inquestionável. Em toda parte, podem-se ver materiais repletos de informações, romances que não param de ser editados e reeditados. De *Drácula,* de Bram Stoker, à saga *Crepúsculo,* de Stephenie Meyer, existem, no entanto, um século e muitas distinções. Em cada época os vampiros aparecem de uma forma, pois eles pretendem refletir todos os medos humanos, e esses medos estão sempre em transformação.

No fim do século XIX, o vampiro era temente à luz do sol, à cruz e ao alho, além de ser banido do convívio social – esses dados são embasados em tradições vindas de um passado distante. O vampiro do século XXI não possui nenhuma dessas características; muito pelo contrário, ele convive com a luz do sol, frequenta a sociedade e praticamente nada pode feri-lo, incomodá-lo ou mesmo matá-lo, o que pareceria terrível sob o ponto de vista prático de como eliminá-lo. Mas os vampiros "teens" de hoje pouco ou nada têm de aterrorizadores, e são até mesmo um exemplo de comportamento social, ética e bons modos; isso, é claro, os faria exemplares se não estivessem mortos.

Os vampiros fazem parte de uma vasta coleção de seres sobrenaturais que aterroriza os homens. A crença no retorno dos mortos para afligir os vivos é o respaldo desses seres. Durante séculos, o vampiro rivalizou com diversos mortos-vivos, até que, a partir do século XVIII, sua imagem foi se fixando até chegar a Drácula, que conseguiu suplantá-los e afirmar-se como o grande favorito.

Na literatura, grandes nomes assinaram romances e contos dedicados aos vampiros, dentre eles, John Polidori, Lord Byron, Edgar Allan Poe, Alexandre Dumas, Guy de Maupassant, H. G. Wells. Todos esses trabalhos buscaram o morto-vivo de tez pálida para assinalar algo que os leitores procuravam: compreender a relação entre vida e morte, entre norma e moral e seu contrário – a transgressão, como em um sonho, era possível, mas quem a praticava era uma criatura pavorosa.

O ideal da literatura, para além do entretenimento, é a possibilidade de usufruir elementos da cultura popular para evidenciar questões mais sensíveis que perpassam a sociedade. Seja em forma de exaltação ou denúncia, os vampiros sempre foram fascinantes para tempos anteriores. Porém, nunca se produziu tanto sobre eles como a partir de *Drácula*. É inquestionável a análise profunda que se faz desse conde romeno. Um personagem que parece estar em declínio nos dias de hoje, mas que está tão amplamente ligado a tudo que se produz sobre vampiros. É graças a ele que atualmente podemos ler trabalhos sobre esses mortos-vivos e estremecer nas salas de cinema ou em casa. A união de temas que amedrontam e fascinam os homens – vida e morte, saúde e doença, juventude e velhice – está sempre presente nesses vampiros, eles parecem dominá-los e vencê-los sempre.

Introdução

Se, por um lado, os vampiros parecem estar ligados a um tempo antigo, em que predominavam a magia e a superstição, ao contrário, é a partir do século XX que eles se proliferam em grande quantidade e de diversas maneiras por todos os tipos de mídias. Este livro não busca localizar os vampiros no mundo, tampouco suas características. Busca essencialmente traçar uma história desses mortos-vivos pela constituição da imagem que vem à mente quando se pensa neles. Ou seja, o objetivo está relacionado a reconstituir elementos do mito pelo tempo, marcadamente na sociedade ocidental. Uma jornada que se inicia na Antiguidade, passa pela Europa Medieval e Moderna e chega aos dias de hoje.

Seria impossível, portanto, dar ênfase a outro vampiro que não fosse Drácula. Ele contém a chave do mito do vampiro. A inspiração para *Crepúsculo* foi justamente Drácula, porém, tudo indica que em breve teremos uma nova geração de vampiros, com características renovadas pelo trabalho de Stephenie Meyer.

Todos os vampiros reúnem em seus elementos básicos algo que fascina e amedronta. Por isso, tanto Stoker como Meyer conseguiram usufruir e renovar o mito que, de tempos em tempos, ressurge da escuridão para nos perseguir.

Os Precursores dos Vampiros

Em todas as épocas os mitos têm florescido; da mesma forma, esses mitos têm sido a inspiração viva de todos os produtos possíveis das atividades do corpo e da mente humanos. Portanto, poderia se considerar os mitos como a abertura secreta através da qual as produções culturais humanas se manifestam.

O mito seria a tentativa descritiva das origens das coisas e da existência, o fator capaz de preservar e transmitir paradigmas e exemplos à natureza humana. Definido como recurso ideológico, o mito não se constitui a partir da negação, ao contrário, ele penetra em diferentes esferas, como na linguagem, fornecendo-lhes fundamentação da natureza e a eternidade. O mito se apresenta como responsável pela indagação do ser humano sobre sua própria função.

Mortos-vivos, lobos, bruxas, vampiros comumente têm a noite como cúmplice; a noite é o cenário no qual os inimigos do homem tramam sua ruína, seja ela física ou espiritual. A noite possui lugar no imaginário como algo temeroso já na Bíblia, que definiu simbolicamente o medo na dicotomia luz e trevas e, consequentemente, vida e morte; assim, seria preciso implorar Àquele que criou a noite que proteja os homens contra todos os perigos, sejam eles sobrenaturais, como os vampiros, ou ordinários – adúlteros, ladrões, escroques, assassinos.

Existe uma explicação física ao medo da noite: a visão do homem é menos aguçada do que a de muitos animais; assim, as trevas o deixam mais desamparado do que os demais mamíferos. Além disso, a ausência de luz atenua a capacidade cerebral de reduzir os impulsos da atividade de criar ilusões, confundindo facilmente o que é real e irreal.

OS ANTIGOS

Anterior ao Cristianismo, a cultura grega formou-se a partir de bases que buscavam relacionar-se com o mundo que via. Eles tentavam percebê-lo e compreendê-lo voltando-se para o mundo invisível, sobrenatural. Da junção do observar e do explicar difundiu-se a mitologia, com uma organização complexa e racionalizada para a qual os gregos deviam suas origens.

Os gregos antigos adoravam e temiam seus deuses. Eles eram responsáveis por tudo que ocorria naquela sociedade: a natureza e os homens dependiam deles. O Olimpo, a morada dos deuses e "telhado" de toda a Grécia, era de onde partiam os caprichos e decisões que interferiam diretamente na vida humana. Com isso, residem no complicado universo mitológico as origens do vampiro, o ser que consome vidas para poder se manter vivo. Porém, diferentemente da ideia de morto-vivo, os vampiros gregos, chamados *vrykolakas*, a princípio estão ligados ao ato de consumir, aprisionar ou destruir destinos e vidas, mas estas não são necessariamente humanas. Apoderar-se da vida do outro, privá-lo de exercer seu destino, é antinatural, pois só os deuses têm poder para isso e, mesmo assim, quando o destino estava traçado, não havia o que o impedisse de se concretizar.

A exemplo disso existiu Cronos. O mais jovem dos titãs, filho de Urano, Cronos encerra a primeira geração de deuses cortando os testículos do pai. O deus foi coroado como governante supremo dos deuses e casou-se com sua irmã Reia. Sedento de poder, foi um governante cruel, que oprimia deuses e homens. Com medo da profecia que dizia que perderia seu poder para um de seus filhos, ele decidiu engoli-los assim que Reia desse à luz. No nascimento de seu último filho, Reia foge para a ilha de Creta, onde dá à luz Zeus. Astutamente entrega a Cronos, em vez do filho, uma pedra para engolir. Zeus, quando adulto, oferece ao pai uma droga para beber que o faz vomitar todos os filhos que havia engolido. Com o auxílio dos irmãos, Zeus aprisiona o pai, mutila-o e toma o poder.

Cronos pretendia guardar seus filhos em seu interior, consumindo e retardando o seu destino. Ele foi muitas vezes confundido com o Tempo, do qual se tornou personificação. Cronos tem o mesmo papel do tempo: devora, consome, destrói suas criações, interrompe as fontes da vida. Simboliza a fome que devora a experiência da vida, que consome os momentos, que altera e interrompe o destino.

Nesse sentido, Cronos seria a primeira referência à prática que abrange um dos pilares do mito do vampiro: absorver essências, interromper o processo da vida. Seria o tempo implacável que traz a mortalidade, o fim da essência que dá sentido à vida humana. O vampiro não tem destino: o seu também foi interrompido, consumido, porém ele triunfou. Venceu de forma antinatural, driblando o tempo e dominando o mistério da vida. Se, porém, sua vida foi consumida, ele precisa encontrar meios de absorver a essência de outras. Muito mais que uma maldição, o vampiro carrega a responsabilidade de interferir no destino dos outros e vagar pelo mundo, ao longo dos tempos, na busca pela fonte daquilo de que foi privado: a vida e a morte, que se confundem e são solucionadas pelo Tempo.

Outro mito que assolava o imaginário grego era o de Lâmia. Zeus, em uma de suas múltiplas traições à esposa, Hera, envolveu-se com Lâmia, rainha da Líbia. Hera, revoltada com a traição do marido, matou todos os filhos frutos dessa união. Lâmia, em desgraça, passou a atacar cada criança que cruzasse seu caminho, devorando-as e bebendo seu sangue.

Lâmia tornou-se uma espécie de demônio, ou ainda, uma vampira, que passou pelo processo de devorar a carne e sugar o sangue, mas não é proveniente de uma morte, ou seja, ela não é o chamado morto-vivo.

A Idade Média: origens da crença

Cada civilização recorreu a uma maneira de interpretar e representar a morte. A morte é uma experiência que se vive em vida. A Idade Média não foi diferente. Berço do conglomerado de conceitos cristãos que formaram o pensamento ocidental, os medievos tentaram em vão banir toda e qualquer expressão legada pelos antigos a eles, porém tiveram de recorrer muitas vezes a literatura,

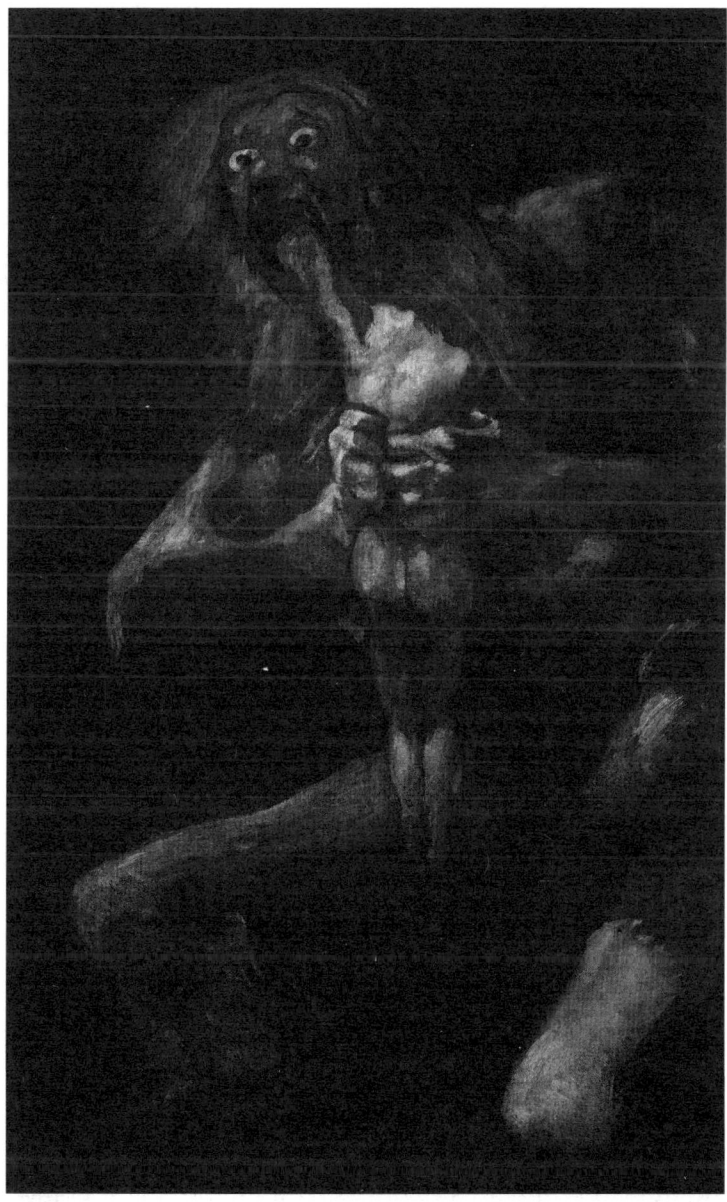

Figura 1 – Francisco Goya, *Saturno devorando os seus filhos,* 1815, Madri, Museu do Prado.

filosofia e rituais cotidianos para dar sentido e continuidade à existência humana.

Durante a Alta Idade Média, os mortos tiveram direito à paz. Santo Agostinho definiu quais deveriam ser os cuidados com os mortos. Rezar, exaltar a Eucaristia e dar esmola por desígnio do morto eram as três formas, de acordo com o pensamento eclesiástico, de consolar o defunto. A Igreja preocupava-se com a alma, que finalmente se libertava de sua prisão terrena, o corpo, para ir ao encontro do Criador. Na Antiguidade, as famílias se ocupavam dos seus defuntos e eram encarregadas de banhá-los e vesti-los para se juntarem ao reino dos mortos. Muitas vezes poderiam voltar ao mundo dos vivos para atormentá-los, cobrá-los por algo.

O Cristianismo estabeleceu uma hierarquia entre os mortos. Somente os santos poderiam ser adorados e celebrados. A fronteira entre o mundo dos vivos e o dos mortos era quebrada a partir do momento em que se buscava um contato com os entes queridos já falecidos por meio da oração e intervenção dos santos.

Nos séculos VIII e IX, a Igreja tomou para si a responsabilidade de enterrar os defuntos, pondo-se contrária às práticas funerárias tidas como populares que se originaram na Antiguidade; os cemitérios medievais eram consagrados e abençoados, servindo apenas de abrigo aos fiéis da Igreja. Se, para os antigos, a morte pertencia a uma ordem natural e inerente à vida, a partir dos séculos XII e XIII, ela foi progressivamente se transformando na separação do corpo e da alma, seguida pelo julgamento de quem a sofria. A definição de lugares para passar a eternidade – como Paraíso, Purgatório ou Inferno – dependia de ações

Figura 2 – Arnold Böcklin, *Peste*, 1898, Basileia, Kunstmuseum.

em vida. Porém, não bastava morrer, deveriam ser definidas as circunstancias da morte.

A morte merecedora do descanso eterno no Paraíso era realizada graças ao arrependimento dos pecados cometidos em vida, da organização de um testamento justo, da escolha de sua sepultura, da reparação dos erros, enfim, de libertar-se das responsabilidades na Terra. O vampiro não seguiria essa ordem. Ele era um inconformado com a morte, um insatisfeito com seu destino, ou seja, não queria deixar o mundo e, assim, arrastava todos para a morte. O vampiro não passaria pelo julgamento, desfrutaria a vida eterna caminhando entre os vivos, alimentando-se de seus corpos, antecipando o julgamento de outros em benefício do atraso do próprio. Estaria livre das responsabilidades com Deus e a religião, e perpetuaria inevitavelmente sua condição; pois, ao se alimentar de outros, provocaria mortes prematuras, pessoas sem tempo para organizar seus assuntos pendentes.

Era amplamente aceito o fato de os parentes cuidarem de seus mortos, do momento de sua passagem à manutenção de seu túmulo. O não exercício dessa função era uma violação ao descanso do defunto, que poderia retornar para cobrar-lhes ou, pior, vingar-se deles.

Em fins do período medieval, as epidemias que assolavam a Europa refletiam emergência de temas macabros, relacionados a representações de corpos em decomposição e expostos, sem um enterro cristão e sem descanso. A morte não cessava de povoar o cenário medieval.

O imaginário, em decorrência, fora atingido por aparições fantasmagóricas. Geralmente como um espectro, eles podem assumir uma forma corpórea ou não, mas seu objetivo é essencialmente o mesmo: perturbar os vivos. Os fantasmas saem dos túmulos, atormentam os vivos, lutam com eles, mastigam-nos, enfim, não os deixam em paz. Shakespeare utilizou esses elementos em muitas de suas peças.

A primeira e talvez a mais antiga aparição de um morto-vivo é a de um defunto que surge em carne e osso – pois esses fantasmas eram sempre corpóreos, só assumindo a forma etérea a partir da década de 1860, com o advento do Espiritismo –, clamando pelos vivos, evocando seus nomes, o que acarretava sucessivas mortes. Essa assombração esbarrava no que em inglês é chamado de *fetch*; o vocábulo designa a aparição de um morto, tomada geralmente como um aviso – como as aparições do pai de Hamlet, sempre seguidas de tragédias.

Outras figuras que povoavam o imaginário medieval eram aquelas que insistiam em retornar para seus parentes, batendo em suas portas e clamando para serem convidadas a entrar. A partir do momento em que esses mortos eram atendidos, a cada visita um parente morria, o qual, é claro, por fazer parte de uma morte intranquila, também retornava, transformando esse movimento em círculo vicioso, que só seria interrompido quando todos os familiares estivessem mortos. Faz todo o sentido Bram Stoker inserir um alerta por intermédio do dr. Van Helsing: o vampiro só pode entrar em uma residência se for convidado.

Havia também a crença em um espectro que se lançava sobre os vivos que passavam por certos lugares – cemitérios, encruzilhadas, capelas abandonadas, pântanos. Ele pulava em suas costas e só os deixava no momento em que chegavam em casa. O vivo escolhido sofria então de fraqueza, que passava para o estágio de uma doença, como a peste, que matava os homens lentamente, provocando dores, febre e finalmente a morte.

No século XV, os espectros tiveram sua evolução no pesadelo. Esse espectro "pesava" sobre os corpos – uma feiticeira em uma visita noturna, um monstro que vinha pisotear quem dormia ou um morto. Ele sempre dominava os que estavam dormindo. Estrangulava os homens, pesava sobre eles e até sugava seu sangue. Do fim do século XVIII até o século XIX, o vampiro se comportou como um pesadelo, sufocando suas vítimas; entretanto, esse detalhe é um tanto vago e não permite saber sobre seu comportamento e suas ações.

A sucção do vampiro provocava na vítima uma sensação de angústia e de dificuldades respiratórias; a pessoa vampirizada costumava perguntar-se sempre se não era vítima de um pesadelo. No romance de Bram Stoker, *Drácula*, dr. Seward, enquanto velava o sono de Lucy, que demonstrava receio em dormir, lhe diz que ao menor sinal de pesadelo a acordará. Alguns dias antes, Lucy confiou em seu diário:

> Tentei não ceder ao sono e consegui durante algum tempo, mas as 12 badaladas da meia-noite me acordaram, então eu devo ter adormecido. Parecia-me que algo arranhava a janela ou seria um batimento de asas, mas não dei muita atenção e, como não me lembro de mais nada, suponho que voltei a dormir. Mais pesadelos. Eu gostaria de me lembrar

deles. Esta manhã sinto-me terrivelmente fraca. Meu rosto está de uma palidez medonha e sinto dor na garganta. Creio também que há algo de errado com meus pulmões; muitas vezes respiro com dificuldade. (1890: p. 83)

Acreditou-se que, para afastar os mortos, era necessário usar a cruz, símbolo do sacrifício de Jesus para a salvação da humanidade; a água benta, que continha toda a bênção de Deus, podendo assim transformar solo profano em algo sagrado; o alho, conhecido como a "mandrágora do pobre", era usado em sortilégios para afastar o mal das casas dos assustados camponeses.

A noite possuía lugar no imaginário como algo temeroso já na Bíblia, que definiu simbolicamente o medo na dicotomia luz e trevas e, consequentemente, entre vida e morte; assim, seria preciso implorar ao Criador que protegesse os homens contra todos os perigos.

Acentuando a questão dos corpos, o morto-vivo estava sempre associado à monstruosidade. Se os corpos dos vivos, como afirmou o papa Gregório, eram a "abominável vestimenta da alma", existe muito mais sobre essa relação na questão do vampiro do que possa parecer.

A salvação da alma passava pelo corpo. A penitência corporal era um importante instrumento nesse processo. A vigilância era necessária e o controle da gula e da luxúria, os piores pecados, encontrava na abstinência e na continência as maiores virtudes. O corpo medieval descrevia essa sociedade pela contradição que abrigava: representação e exaltação, humilhação e veneração.

A monstruosidade que marcava a deformidade do corpo físico estava associada a uma cultura que os cristãos buscaram na Antiguidade, como a hidra, que tinha o corpo de dragão e nove cabeças de serpente, ou nas representações de seres fantásticos do Oriente. Os monstros estavam presentes também na Bíblia, como o Leviatã, e até mesmo Lúcifer exaltava a monstruosidade.

Os monstros teriam em sua formação uma mistura de gêneros – vegetal, animal e humano – eram constituídos por cabeças de animais ou eram andróginos, faltando-lhes partes do corpo humano. O morto-vivo entra em harmonia com o monstro, pois ele apresenta aberrações em seu corpo físico: inchaço, cor arroxeada, podendo transformar-se em animal – morcego, cobra, lobo. Ele consegue controlar os demais seres fantásticos – nunca está sozinho, sempre tem o poder de controlar tudo e todos que não são penitentes –; pode tornar-se gigante ou minúsculo, e até mesmo transformar-se em algo como uma nuvem, sombra ou fumaça. Não havia meios de livrar-se deles.

O VAMPIRO SE TORNA VAMPIRO

Modernidade, do latim *Modernus*, cuja primeira aparição em registros data do século V, durante o período de transição da antiguidade romana ao mundo da cristandade. Nesse sentido, o vocábulo teria o significado de limite da atualidade, derivando de *modo* – já, imediatamente, logo, agora mesmo. *Modernus* não significa apenas *novo*, mas também *atual*; é o termo cuja função é designar exclusivamente a atualidade histórica presente.

Durante o século XII, o moderno foi experimentado como aperfeiçoamento – o *novo* realça o *antigo*, e o *antigo* sobrevive no *novo*. Uma obra moderna então só seria reconhecida quando um futuro conferisse a credibilidade de tempos passados.

Os humanistas do Renascimento olhavam a Idade Média como período de trevas entre a Antiguidade (*antiquitas*) – passado exemplar – e a modernidade do presente – tempo que segue seu curso ao futuro.

O moderno, a partir do final do século XVIII, estava voltado para o futuro, ao que era "novo", "bom" e "autossuficiente". Na recusa do passado como modelo, deixava aos poucos de se opor a *antiquitas* e, pelo menos do ponto de vista estético, escapava ao paradoxo no qual se encerrava. Não se distanciava mais do velho, e sim do clássico, do belo eterno, de um valor que desafia o tempo.

É comum na história a observação dos séculos XVI e XVII como o princípio do declínio de costumes e o século XVIII como uma época de extinção destes – juntamente com a magia, a feitiçaria e as superstições. Existe a tese de que a consciência e os usos costumeiros eram particularmente fortes no século XVIII, e que alguns desses costumes eram de criação recente e representavam reivindicações de novos direitos. Claramente o povo estava sujeito a pressões para realizar uma reforma cultural, pressões que vinham de estratos superiores da sociedade, ou seja, o Estado sentia a obrigação de suplantar costumes antigos – que remontavam muitas vezes ao período medieval – pelo novo. O esclarecimento escorria de cima a baixo nos estratos sociais; supunha uma liquidação dos costumes vistos como atrasados, mas apenas o supunha.

As pressões em favor dessa reforma de costumes sofreram resistência. Daí em diante, abriu-se uma fissura entre a cultura patrícia e a plebeia, e uma de suas consequências seria o surgimento do folclore, à medida que esses patrícios se interessavam em buscar na tradição plebeia elementos que rememorassem suas origens, o que seria fundamental, no século XIX, às bases dos nacionalismos emergentes.

VAMPIROS, FEITICEIRAS E LOBISOMENS

Durante os séculos XV e XVI, o predomínio de um pensamento voltado para valores e conceitos da Antiguidade revelou a decadência do morto-vivo como expoente do medo que tomou conta do imaginário medievo. Foi nesse momento que as tentativas de compreender o mundo natural, sem desprezar o antinatural, classificaram e expuseram o vampiro, as bruxas e os lobisomens. Como uma classificação científica, os humanistas do período estabeleceram algumas regras para a identificação desses seres. Para esclarecer: até a segunda metade do século XIX, não existiria o vampiro sugador de sangue. Sua natureza estava intimamente ligada a mastigar e devorar suas vítimas.

Em 1484, Heinrich Kramer e James Sprenger publicaram o *Malleus Maleficarum,* que, além de responsável pela "purificação" – a tortura e morte – de mais de 100 mil mulheres durante quatro séculos, definiu-se como o grande manual de identificação de manifestações de feitiçaria, estabelecendo uma ciência da época denominada demonologia. As almas dos mortos deveriam ficar à espera do Juízo Final, não utilizando seus corpos para circular pela noite fazendo vítimas.

Houve o predomínio do Diabo como líder desses seres – os lobisomens eram produto de um nascimento problemático, enquanto os vampiros foram produzidos por uma estranha morte. Os lobisomens são comumente definidos na literatura contemporânea como inimigos

Figura 3. Francisco Goya, *O sabá das bruxas*, 1791-1798, Madri, Museo Lazaro Galdiano.

eternos dos vampiros; a questão surgiu justamente da disputa territorial. Ambos se alimentariam dos vivos e haveria uma guerra entre eles pelo alimento.

A geração de seres não provenientes do Criador é obra de demônios Íncubus e Súcubus. Como Kramer e Sprenger exaltaram nas páginas do *Malleus Maleficarum*:

> Mas pode-se argumentar que os demônios participam dessa geração não como causa essencial, e sim como causa secundária e artificial, já que tratam de interferir com o processo normal de copulação e de concepção ao obter sêmen humano e transferi-lo. (1484: p. 79)

Ou seja, os demônios estariam aptos a dar vida a filhos concebidos com as servas de Satã que, como tais, estavam dispostas a dar continuidade à linhagem demoníaca e expô-la ao convívio dos seres humanos.

Os filhos dessas relações teriam uma infância típica, aparecendo os primeiros sintomas do diabólico na puberdade, quando as mulheres viravam promíscuas e seduziam homens de bem, levando-os a pecar contra sua fé católica. Já os homens se transformariam em criaturas perigosas, como lobos, tirando a vida de pessoas que cruzassem seu caminho e devorando seus corpos.

Os demônios tomariam corpos humanos de pessoas que já haviam morrido, dando-lhes vida e conservando-os; porém, para tanto, deveriam consumir vidas, fossem elas de seus adoradores ou de inocentes, o que os ligava aos vampiros, que, por sua vez, rumavam para uma fixação de características.

No fim da primeira metade do século XVII, em 1645, surgiu o primeiro tratado sobre os vampiros. Leo Allatius (1586-1669), professor de grego e estudioso de filosofia clássica e teologia, publicou *De graecorum hodie quirundam opinationabus*, estabelecendo a presença desses seres em sua terra natal, a Grécia, e definindo os hábitos dos vampiros.

John William Polidori (1795-1821), em seu conto *The Vampyre: A Tale* (1819), utilizou como referência o trabalho de Allatius ao descrever a experiência de seu herói Aubrey:

> Quando ela contava a história do vampiro que vivera anos entre seus amigos e entes queridos, vendo-se forçado a cada ano a alimentar-se da vida de alguma mulher adorável para prolongar sua existência pelos meses seguintes, ele sentia o sangue gelar nas veias, ao mesmo tempo em que tentava rir e dissuadi-la de fantasias tão tolas e horrendas. Mas Ianthe citava nomes de velhos que tinham desmascarado ao menos um desses vampiros, depois de descobrirem que vários parentes e crianças já traziam as marcas da voracidade do monstro. (1819: p. 60)

Seguindo a conexão entre vampiros e bruxas, *sir* François Richard publicou, em 1657, *Relation de ce qui s'est passé à Sant-Erini Isle de l'Archipel*, em que relatava a existência de vampiros que devoravam habitantes de Sant-Erini. Como seres noturnos, que por produto de uma relação estreita com o Diabo, conseguiram permanecer entre os vivos, matavam para sobreviver, levam almas ao inferno ou procriavam.

O germânico Philip Rohr legou um grande tratado sobre a natureza dos vampiros e seu comportamento em 1679 com o título *Dissertatio Historico-Philosophica de Masticatione Mortuorum*, mais conhecido por *De Masticatione Mortuorum*. Seu trabalho girou em torno de um tipo de vampiro que mastigava sua mortalha, e devorava os corpos de outros mortos enterrados próximos a ele. Também, à medida que devorava sua mortalha o vampiro consumia a vida de seus parentes ainda vivos. Figura comum no norte da Itália e na Hungria, o vampiro conhecido há muito como *masticatore* foi muito popular durante a Idade Média, e deve-se a ele a primeira imagem concreta do vampiro.

O PRIVILÉGIO DA RAZÃO: A CONTRIBUIÇÃO DO ILUMINISMO

O último grande expoente dos tratados sobre vampiros foi, sem dúvida, o padre beneditino Antoine Calmet, mais conhecido como Dom Calmet (1672-1757). O estudo de Dom Calmet intitulado *Traité sur les apparitions des anges, des démons et des esprits et sur les revenants, et vampires de Hongrie, de Bohème, de Moravie et de Silésie* (1746) começou com uma série de aparições dos vampiros que se tornava cada vez mais recorrente na Alemanha e na Europa Oriental. Impressionado com os testemunhos e detalhes acerca dos casos, Dom Calmet não os ignorou.

Achando importante verificar a veracidade dos fatos e transcrevê-los de acordo com as diretrizes adotadas pela Igreja Católica, Dom Calmet dedicou tempo coletando

Figura 4 – Franz Von Stuck, *Lúcifer*, 1891, Sofia, National Gallery for Foreign Art.

materiais provenientes de toda a Europa – autos do Santo Ofício, testemunhos, periódicos, além da leitura de tratados já escritos sobre a natureza dos vampiros. Incluiu ainda no tratado questões sobre o sepultamento prematuro e o que se conhecia sobre o processo de decomposição do corpo. A maior parte de seu livro é constituída da antologia desses relatos, seguida de suas próprias reflexões.

Porém, a onda de medo e pavor que crescia na Europa desde o século XV e intensificava-se na época de Dom Calmet foi também combatida por aqueles que procuravam encontrar o real e o lógico no mundo. Seria um contrassenso apoiar-se em superstições e lendas quando se acreditava poder esclarecer tudo pela razão. Foi nesse momento de luzes que o vampiro esmorecia como um personagem real e passaria para o campo do mito.

O Iluminismo filosófico seria uma arma poderosa contra os tratados teológicos anteriores a ele. Apesar de ligar-se a uma vertente humanista que havia sido recuperada da Antiguidade no século XV, estava mais preocupado em aprofundar conhecimentos a partir de uma produção clássica e não ligada às superstições que permaneceram nos estudos pontuados pelos três séculos anteriores.

O *Dictionnaire philosophique,* de 1764, apontava em seu verbete "vampire" que os grandes responsáveis pela propagação da onda de medo provocada por esses mortos-vivos eram os teólogos que tentavam explicá-lo. Definindo-os como "mortos que saíam à noite de suas covas, sugavam o sangue dos vivos, seja na garganta, seja no ventre, e depois voltavam para suas sepulturas" (1764: p. 43), Voltaire estabeleceu um perfil inédito para esse ser: o ato de sugar o sangue de suas vítimas e não mais devorá-las. Ou seja, o vampiro deixaria suas vítimas fracas, pois as matava aos poucos.

O enciclopedista estava fortemente influenciado pelo pensamento de René Descartes nesse aspecto. Esse último, baseado nos estudos de William Harvey, afirmou que as artérias e veias eram como "canos" que carregavam nutrientes pelo corpo. A ênfase na circulação sanguínea e na importância do sangue para o corpo humano estava cada vez mais em pauta nas instituições médicas; portanto, estabelecer que o vampiro sobrevivesse consumindo a vida de outros só poderia ter uma explicação coerente se o "alimento" fosse o sangue e não a carne.

Voltaire, depois, afirmou que "os verdadeiros vampiros são os monges, que comem à custa de reis e de povos". A filosofia demonstrou que o vampiro se destinava a uma recuperação política. Desde 1741, o termo "vampiro" assumiu na Inglaterra o sentido de "tirano que suga a vida de seu povo". Também explicou o florescimento do assunto pela reunião de temas "eloquentes": doença, morte, sexualidade e religiosidade.

A literatura iluminista ganhou em comprometimento com a consciência de seu tempo. Utilizou uma figura popular para expor problemas que afetavam a vida da sociedade em uma esfera muito mais ampla que a de um simples "bebedor de sangue": estabeleceu uma metáfora.

O vampiro, nesse momento, recebeu uma carga de características, porém ainda não havia um estereótipo físico para ele. Não havia se formado uma definição estética para ele, função que ficaria a cargo do Romantismo.

O ROMANTISMO E A CARACTERIZAÇÃO ESTÉTICA DO VAMPIRO

O Romantismo foi um movimento surgido nas últimas décadas do século XVIII e, concomitante ao Iluminismo, enveredou por uma vertente contrária a este, voltando-se para as sensibilidades humanas e ignorando a razão. Enquanto o Iluminismo se preocupou em explicar de maneira objetiva, quantitativa e qualitativa, os românticos foram subjetivos, buscando o ideal de fraternidade, ou seja, o senso de comunidade que imperou durante a Idade Média.

O Romantismo refletia uma melancolia acerca dos ideais da Revolução Francesa que foram perdidos, que não vingaram; nesse aspecto, o conceito estético do vampiro estaria ligado a um ideal de seu momento de origem. Ele apareceria como um ser ancestral ao mundo modernizado, que deveria encarar o tempo na solidão da sua imortalidade, descrente do futuro da humanidade e inconformado com os padrões da vida, e não mais com a morte. Lembrando o desencantamento do conde Drácula no romance de Bram Stoker:

> Os dias beligerantes já passaram. O sangue se tornou algo precioso demais para ser vertido nestes dias de paz sem honra, e as glórias de grandes raças tornaram-se uma história a ser contada. (1890: p. 55)

Essa melancolia que transpassa o nobre Drácula, reapareceu na literatura como uma recuperação e contraposição ao trabalho filosófico, que ironizava a sociedade e seus membros. O Romantismo desejava mais do que isso: não prezava pela genialidade que tanto afetava os iluministas, ele sofria por uma humanidade inteira.

O Romantismo também inaugurou um novo estilo de vida: o indivíduo romântico. Este tinha a noite como cúmplice, buscava nas tavernas, nos jogos e nas ruas assustadoras das grandes cidades as verdadeiras emoções humanas. Estar sofrendo era uma condição que não podia ser quebrada. Portanto, aliando esse comportamento a condições precárias de higiene, os românticos acreditavam sentir as dores do mundo em seu peito, mas na verdade sofriam de tuberculose.

A tuberculose era entendida como a doença de um órgão: os pulmões. A enfermidade tinha contrastes extremos como a palidez branca e o rubor vermelho; a hiperatividade – muitas vezes noturna – e a *languidez diurna*. O portador da doença era consumido, exaurido de suas forças vitais. Porém, era na tuberculose que o indivíduo vivia plenamente a vida – via suas cores e contrastes com mais beleza, enquanto sentia a morte como uma vilã que o tiraria do mundo sem ter tempo de cumprir o seu destino; pois, apesar da valorização romântica da morte, esta não deixou de ser terrível.

Era belo, elegante e sublime sofrer de tuberculose e, como uma doença dos pulmões, era, metaforicamente, uma doença da alma. Era a doença das paixões, aquelas que calam fundo a alma. A febre não era apenas um sintoma, era um sinal de "chama interior" – o corpo era consumido por essa chama. A tuberculose, e sua "romantização", foi o primeiro grande exemplo de larga difusão do ser moderno: promover o eu como imagem.

Os sintomas físicos da doença legaram ao vampiro sua estética. Ele é aquele de tez branca, com aspecto doentio, que aparenta sofrer em silêncio por algo ou alguém; sua fome por comida humana parece inexistente e sente-se atraído por pessoas jovens, belas e saudáveis – uma relação de contraponto entre a alegria e vivacidade e a morte e o endurecimento pelo sofrimento. Sua passividade oscila com sua agilidade e caça a seu alimento, e, após sugar o sangue de suas vítimas, sua pele reflete um intenso vermelho. Considerado belo e sublime, evoca um aspecto que o vampiro nunca havia refletido antes: a questão da sensualidade.

O vampiro, assim como o tuberculoso, despertava um desejo de salvação dos pecados, e a dor que perpassava o corpo e a alma, e que refletia em seus olhos, tornava-o desejável. Era mais que um compromisso sexual: era um desejo de tornar-se um herói para o outro, entregar-se àquela condição também, compartilhar com o moribundo suas agonias – o desejo pelo doente implicava a vontade de também estar doente. O desejo pelo vampiro estava em compartilhar com ele sua imortalidade, confortá-lo em sua solidão e dividir suas dores.

ENFIM, O VAMPIRO MODERNO

O período conhecido como *fin de siècle* – termo adotado na Grã-Bretanha por volta de 1890 para descrever o caráter único do século XIX –, no qual Bram Stoker (1847-1912) escreveu *Drácula* (1897), foi marcado por mudanças sem precedentes que afetaram quase todos os aspectos da vida humana – social, econômico, intelectual, entre outros. O próprio Stoker era produto de um mundo muito mais tradicional. O período em que o autor viveu foi o tempo no qual a Inglaterra e o restante da Europa fizeram a transição, de fato, do mundo tradicional para o moderno. A vida de Stoker começou então no ápice do regime vitoriano e terminou com a Europa modernizada; como resultado, Stoker possuía familiaridade com ambos.

Londres detinha a *avant-garde* literária, líderes políticos, cientistas e exploradores de novas tendências e correntes. Logo, não era surpreendente que romances e contos gerados nesse período, incluindo a obra de Bram Stoker, incorporassem frequentemente elementos tanto tradicionais como modernos; uma característica marcante do fim do século.

Na década de 1890, o Império Britânico controlava um quarto do mundo e se consolidava como a maior potência econômica, definindo e ditando o ritmo mundial.

A corrente moderna invadia o campo dos valores tradicionais, trazia-os para um universo mais científico, experimental.

Em um momento no qual o hábito da leitura se difundia em distintas classes sociais – reagrupando fatores culturais constituintes do imaginário inglês –, esse público fazia uma exigência: identificar-se com o que lia. Por outro lado, o Estado inglês detinha outra: que o público tivesse conhecimento de quão grandioso o Império Britânico era e de quanto se avançava em diversos campos. O ideal burguês de se identificar com o que lia, aos poucos, tomou proporções de "popular" e, assim, o fascínio pelo moderno invadia mentes e corações independentemente de classe ou gênero. E era justamente esse campo que autores, para citar apenas alguns, como Mary Shelley em *Frankenstein*, Robert Louis Stevenson em *O Médico e o Monstro* e Bram Stoker, utilizaram para apontar o moderno dentro do campo científico, especialmente no que concerne ao médico, tanto em forma de crítica como de admiração. Conjugando o sobrenatural ao real, os autores tentaram criar uma atmosfera de transição entre um mundo tradicional e o novo mundo, moderno e racional.

Na Londres da metade do século XIX, com 2,5 milhões de habitantes, projetavam-se com total nitidez a promiscuidade, a diversidade, ou seja, os considerados perigos da vida urbana; além do fascínio, os cidadãos sentiam medo. Os combates do dia se interrompiam, a multidão trabalhadora repousava, e à noite despertavam "os demônios" para preencher o espaço urbano. Nessas horas escuras, surgiam as prostitutas, os escroques atentos às mesas de jogos, os ladrões em seu trabalho silencioso: esses eram seus personagens.

Na escuridão, a multidão renovava cotidianamente o espetáculo da promiscuidade, da agressão, do alcoolismo; todo o perigo pressuposto como presença em repouso durante o dia punha-se de tocaia à noite nos becos mal-iluminados. No centro de Londres, numerosas ruelas de casas miseráveis entrecruzavam-se com as ruas largas das grandes mansões e os belos parques públicos; essas ruelas lotadas de casas abrigavam crianças doentes e mulheres em trapos e semimortas de fome.

O inchaço populacional da cidade industrial do século XIX e todos os problemas decorrentes desse fato constituíam-se como o impulso de novas ideias para a moderna cidade. A partir da migração campo-cidade de uma população que buscava trabalho e melhores condições de vida, surgiam os primeiros bairros operários, que em seguida apresentariam problemas de insalubridade e falta de infraestrutura. Era justamente para suprir todas essas demandas que a ciência trabalhava insistentemente no controle e bem-estar populacional, baseando-se nas condições dicotômicas entre saúde e doença, a qual, na Inglaterra, teve o sangue como fio condutor.

As discussões acerca do funcionamento e funções do sangue no corpo humano apareceram já no século XVII, mas ainda com outro sentido: a necessidade de descobrir o corpo humano, suas particularidades e de quais maneiras o bombeamento sanguíneo interferia na relação entre saúde e doença corpórea. O sangue, nesse momento, ainda estava pautado na condição simbólica, herança aristocrática que determinava a posição social do indivíduo. O funcionamento do sangue fora satisfatoriamente descoberto por Harvey, que suplantou Galeno e se afastou definitivamente da medicina hipocrática; assim, a circulação do sangue começou a influenciar também o espaço urbano: graças a uma política de saúde pública, a cidade foi reorganizada, suas estruturas repensadas. Dessa maneira, também começou a ser repensado o tratamento dado ao pobre. A caridade proposta pela Lei dos Pobres foi reformada, e eles passaram a ser vistos como causa das mazelas sociais.

No século XIX, as teorias médicas investiram no sangue como condutor da carga humana, que interferia no comportamento e propensões do corpo e, principalmente, da mente, ou seja, seria como se a mistura sanguínea que um homem carregava trouxesse as características de seus antepassados e o habilitasse a desenvolver características ao longo de sua vida, como, por exemplo, a disposição para o trabalho, a loucura, a promiscuidade, a mendicância, entre outras.

Em 1859, o naturalista Charles Darwin publicou *A Origem das Espécies*,* que defendia os princípios da seleção natural como o processo de sobrevivência que governava os seres vivos. A repercussão do trabalho seria tão grande que, somada aos trabalhos de Malthus e Spencer, acabaria por determinar um conceito novo: o darwinismo social. Ele influenciaria não apenas as ciências, mas também iria impor o conceito do *mais apto* às diversas esferas sociais, abrindo assim caminho à cobertura biológica para a teoria da degeneração urbana hereditária, que reforçava a posição da chamada "ideia sanitária" desenvolvida por Chadwick. Esta encontrou sua expressão no controle de doenças e na degenerescência pela mistura do sangue, que, ampliada por Galton,

---

*N.E.: Obra publicada no Brasil pela Madras Editora.

dividiu a sociedade em linhagens *boa* e *ruim* e, finalmente, cruzou oceanos e chegou a territórios ocupados e independentes do domínio britânico.

O mito do vampiro moderno, segundo pesquisadores do campo da crítica literária, é reconhecidamente inaugurado por Bram Stoker, por conter elementos que o identificam até os dias de hoje. No entanto, além de Stoker, dois escritores podem ser considerados precursores do mito moderno: dr. John William Polidori (1795-1821), com seu conto *The Vampyre: A Tale* (1819), e Sheridan Le Fanu (1814-1873), com *Carmilla* (1872). Polidori e Le Fanu relançaram o interesse pelo tema do vampiro aproveitando o terreno preparado pelo movimento Gothic Novel, com seu expoente em Horace Walpole (1717-1797), com *Castelo de Otrante* (1764), no qual se colocou em voga a paisagem típica dos romances de vampiros: castelos, capelas, cemitérios, entre outros.

O movimento Gothic Novel, ou "Roman Noir", baseava-se na restauração artística de cenários antigos, especialmente dos que remontavam aos séculos XIII e XIV, ápice da arte gótica. Walpole, seu precursor, rompeu com o movimento romântico e criou uma atmosfera repleta de personagens inverossímeis, utilizando medos sobrenaturais ambientados em castelos arruinados. O estilo fez sucesso, sendo copiado por vários autores; muito além do Romantismo nas formas de conto fantástico, conto de terror e, já no século XX, enveredando pelo caminho do romance de ficção científica.

Mas o que faz de Drácula um vampiro moderno? Em Polidori, a ambiência criada pelo narrador é fantástica e há mais subentendidos, próprios para excitar a imaginação, e verdadeiras descrições que permitem estabelecer uma tipologia do vampiro. Já em *Carmilla*, Le Fanu narra a existência de um vampiro feminino atraído por mulheres que se insere em uma linhagem de crenças e tradições que remonta às bruxas, as quais se reencontram também em obras como *A Dama Pálida* (1849), de Alexandre Dumas; *A Morta Amorosa* (1936), de Théophile Gautier; e *A Família do Vurdalak* (1847), de Aléxis Tolstoi (1822-1870). O vampiro povoa há séculos o imaginário humano; entretanto, para se tornar o vampiro de tez pálida, bebedor de sangue, que teme o alho e a cruz – características reunidas pela primeira vez por Stoker –, ele passou por um longo processo.

A ESTRATÉGIA NARRATIVA EM *DRÁCULA*

Drácula foi o romance que inaugurou, pelo conjunto de assuntos explorados em seus capítulos, o gênero de horror moderno. Sustentando uma narrativa com características que ainda remontavam ao tradicional, abriu espaço para uma abordagem que trouxe já a tendência da modernidade para suas páginas. Considerado pelos críticos como a obra de ruptura com o modelo típico do século XIX, foi um divisor de águas, inaugurando a estética moderna de literatura. Conjugar o contexto histórico no qual o texto se insere com elementos fantásticos, o que foi denominado de subcriação, seria uma corrente específica do século XX, e sua exceção foi justamente *Drácula*.

Um dos meios de avaliar as obras da modernidade seria conseguir triunfar acerca da visão positivista de uma relação autor-texto-leitor para um valor pautado na sua duplicidade: o leitor de um lado e o quebra-cabeça montado pelo conjunto de informações do texto, que remete ao seu momento criativo, de produção, que começa justamente na linguagem. A desconstrução da língua começa na sua forma gramatical, passa pela análise comparativa de significante-significado até despejar-se no contexto. Eis então um estado muito sutil do discurso: a narratividade é quebrada e a história permanece, no entanto, legível. Os fragmentos da narrativa de Drácula são de uma formatação essencialmente moderna. Embora tenham elementos remanescentes da chamada Gothic Novel – como manuscritos perdidos, cartas e o passado do próprio conde –, o romance se desenvolve a partir dos meios mais modernos possíveis – máquinas de escrever, taquigrafia e fonógrafo.

Os leitores, familiarizados com as inúmeras versões cinematográficas de *Drácula,* têm em mente a trama com seus heroicos personagens, os quais se unem para combater o terrível vampiro que ameaça os seres humanos. Porém, nenhuma dessas versões foi capaz de passar a simetria ou complexidade da narrativa de Stoker. Mesmo que o autor tenha preferido dividir *Drácula* em capítulos em vez de dividi-lo em partes, o romance é mais facilmente compreendido em termos de suas quatro partes ou, de preferência, seções.

A primeira dessas seções relata a viagem de Jonathan Harker ao castelo do excêntrico conde Drácula, em que uma simples viagem de negócios se torna um terrível encontro com quatro criaturas assustadoras dotadas de poderes sobrenaturais. Na segunda seção, Drácula vai à Inglaterra, onde seduz e destrói uma inocente jovem inglesa, Lucy Westenra. Essa parte, repleta de mistério acerca da súbita enfermidade da jovem, faz com que dois médicos não poupem esforços para entender o que está provocando sua doença, culminando na destruição de Lucy pelo dr. Abraham Van Helsing e de três jovens homens que há pouco propuseram casamento a ela. A terceira seção traz um conjunto de personagens na batalha contra o conde e a sedução de Mina Harker por ele, bem como a decisão de caçar Drácula até seu castelo. Na quarta e última seção, esse grupo consegue cercar e destruir o vampiro em seu castelo.

Dividir o romance em seções também ajuda o leitor a observar sua simetria: existem duas jornadas à Transilvânia, pois o grupo, nas páginas finais, resolve trilhar o mesmo caminho que Jonathan Harker percorreu nas primeiras páginas; há a sedução de duas jovens que entraram em contato com o vampiro – amigas, confidentes, porém seus destinos refletem caminhos opostos. Enquanto Lucy se entrega ao vampiro, Mina luta para salvar sua vida.

Poucos são os autores que conseguiram unir a extrema subjetividade do romance epistolar do século XVIII à objetividade da redação jornalística. Enquanto os demais romancistas vitorianos utilizavam por momentos uma narrativa em primeira pessoa – como diários secretos, memórias ou outras formas de autorrevelação – ou em terceira pessoa, que permite ao autor examinar os pensamentos e atitudes de suas personagens, Stoker escolheu contar sua história utilizando-se de um conjunto documental como cartas, diários, análises de casos e recortes de jornal. Estratégia que faz com que o leitor aja como detetive, juntando as informações apresentadas e solucionando os mistérios da trama antes que seus personagens o façam.

Também esses documentos trazem certa carga de veracidade à trama, pois unem informações públicas (reportagens jornalísticas) e documentos pessoais pertencentes a diferentes pessoas. Aludem assim à explicação de que, para dar veracidade a algo, deve-se recorrer aos depoimentos de pessoas que viram ou presenciaram situações que as envolvem em um recurso muito utilizado por séculos pela Santa Inquisição, por exemplo.

Lendo o romance, revela-se que suas personagens estão claramente fascinadas com a moderna tecnologia que simplificou a vida da classe média burguesa. A tecnologia aqui define algo como ciência prática ou aplicada, distinguindo-se da chamada ciência pura. Não que a ciência pura não tenha conotação de aplicada, mas a tecnologia seria a forma de descrever os recursos que revolucionaram a vida na Londres do final do século XIX. O universo do romance está claramente ocupado, obsessivamente moderno, e as evidências incluem máquinas de escrever, fonógrafos, rifles de repetição Winchester, telegramas, trens, câmeras fotográficas Kodak. A própria estrutura narrativa escolhida pelo autor – diários, cartas e memorandos – já expõe todos os recursos modernos disponíveis no período. Isso pode ser observado logo na primeira página, quando o personagem Jonathan Harker faz a travessia, por balsa, de Londres até Paris e, por trem, até Budapeste, passando por Munique e Viena.

Mesmo que *Drácula* seja narrado por diversos personagens, Stoker elegeu as vozes de quatro deles para a missão de descrever a maior parte dos acontecimentos: Jonathan Harker, jovem corretor de imóveis que por meio de seu diário dá detalhes de sua viagem à Transilvânia; sua noiva, Mina Murray – posteriormente Mina

Harker –, que, além de manter um diário, escreve cartas à sua amiga de infância Lucy Westenra, a qual, para imitar sua amiga, resolve manter também um diário. Por último, dr. John Seward, o diretor do Asilo Mental de Londres, que registra em seu fonógrafo tanto as patologias apresentadas por seus pacientes como sua vida pessoal. As vozes desses quatro personagens representam cerca de 80% de *Drácula*. Já os narradores com menor participação geralmente trazem informações que os demais desconhecem. Arthur Holmwood – depois lorde Godalming –, noivo de Lucy, e Drácula seriam os dois únicos membros remanescentes da aristocracia. Holmwood é quem financia a luta contra o vampiro, sendo também amigo de grandes aventuras de Seward e Quincey P. Morris, este último americano do Texas. Dr. Van Helsing, médico, filósofo, metafísico, foi mentor de Seward, grande estudioso das artimanhas dos vampiros. É o líder do grupo na luta contra o conde e seria a voz do próprio Stoker, já que ambos partilham do mesmo nome: Abraham.

Abraham Stoker, bacharel em Ciências, trabalhou como funcionário público, desempenhou também cargos universitários, participando de sociedades científicas e literárias e colaborando em periódicos. O ator Henry Irving foi quem o convidou para o cargo de administrador do *Royal Lyceum Theatre* de Londres, fazendo com que Bram Stoker saísse de Dublin, onde nasceu, para viver em Londres. Foi também Henry Irving, com sua voz sibilante, quem serviu de modelo para a descrição demoníaca de Drácula.

Em 1890, Bram Stoker começou a escrever um livro de horror ainda sem título definido; em sua viagem para Whitby, um dos lugares que o livro usa como cenário, passou a cogitar o nome Drácula para seu livro, baseado no contato com a lenda de Vlad Draculea. Morreu sem ao menos ter a oportunidade de assistir ao notável sucesso de sua obra, que viria sem dúvida com o filme de F. W. Murnau (1888-1931), *Nosferatu* (1922).

Em suas pesquisas, Stoker reuniu informações sobre um vampiro que possuía todos os atrativos que procurava para seu romance: Vlad Draculea (1431(?)-1476), príncipe da Valáquia, na Romênia; grande gênio na guerra, cruel, detentor de uma hipersensibilidade à luz solar – em razão dos anos que passou preso pelos turcos – e ligado à Ordem do Dragão, seita secreta que, segundo as lendas romenas, mantinha contato com o demônio e fazia banhos de sangue. Baseia-se ainda na sintomatologia de algumas anomalias, posteriormente descobertas como genéticas, ligadas a grupos mediterrânicos e que podiam ser aliviadas com transfusões de sangue: palidez, crescimento anormal de pelos, unhas e dentes, retraimento da gengiva, sensibilidade à luz e, em alguns casos, crises de insanidade – ligadas também às porfirias, doenças que denotam uma quantidade anormal de ferro no sangue. Fez diversas observações em hospitais psiquiátricos onde se sentia atraído por pacientes com intensas identificações com o funesto; penitenciárias, onde lhe despertaram a atenção alguns detentos obcecados por verter sangue e até mesmo ingeri-lo – sintoma de uma disfunção metabólica também de origem genética causada por uma deficiência enzimática que reduz a produção das células sanguíneas, conhecida posteriormente como "anemia mediterrânea".

Bram Stoker utilizou-se de sua erudição para desenvolver a trama, sempre fazendo referências a literatos e teóricos, como, por exemplo, Shakespeare; Burdon-

Sanderson, fisiologista; Charcot, o primeiro a utilizar cientificamente a hipnose e a sugestão; Benjamin Disraeli, estadista britânico e escritor. Esse modo de construção literária abriu espaço para que *Drácula* fosse uma literatura não apenas de horror, mas que também passasse para o campo da ficção científica. Porém, por esse segundo gênero ser posterior à obra, datando do século XX, mais apropriado seria, para acompanhar o primeiro, o uso do termo verossimilhança. Por ele, entende-se a conjugação de elementos "reais" do ficcional. É o olhar para determinadas circunstâncias expostas pela sociedade, mas fazendo uso do que o interessa, criando o estereótipo londrino do final do século XIX.

Modernidade, tradição – de Londres à Transilvânia

Se o costume era a principal diretriz humana e possuía maior eficácia quando iniciado nos primeiros anos de vida pela educação, como o povo teria acesso ao bom costume se lhe negavam a educação? O povo recorria à tradição oral, que muitas vezes estava registrada nas mentes já idosas, mas tinham efeito legal. Portanto, os usos habituais do país derivavam dos costumes, ou seja, a Inglaterra era, em sua essência, um Estado no qual o costume de certa forma pressupunha a tradição; logo, o novo deveria entrar nos estratos sociais em forma de repetição, para que assim pudesse finalmente se tornar um costume e, por conseguinte, tradição. Foi por esse motivo que a Inglaterra possuía um trato muito peculiar na sua relação entre a tradição e a modernidade, tornando-se por vezes delicado encontrar suas fronteiras. Talvez fosse mais válido encontrar seus pontos de contato, intersecções que permitiriam, entre outros, trabalhos literários como *Drácula*. Explorando o livro de Stoker, o elo inglês com a região da Transilvânia estaria essencialmente embasado nos valores tradicionais, mas os pontos de contato seriam demonstrados pela oposição formada por estes. Seria como criar um ambiente familiar ao leitor – pela tradição – enquanto se inseria uma temática com elementos novos – pela modernidade.

Na década de 1850, enquanto a Inglaterra se consolidava cada vez mais como uma potência econômica, abrindo espaço para um termo relativamente novo, o capitalismo, a região da Transilvânia ainda estava ligada a um regime de servidão e a propriedade da terra continuava altamente concentrada nas mãos da nobreza rural. Além disso, a região de nosso conde ainda fazia parte do Império dos Habsburgos, estruturado como absolutista. Porém, sem fazer parte desse império, o medo era de que a região fosse absorvida por algum nacionalismo expansionista – emergente desde as revoluções de 1848 –, tornando-se parte do que futuramente viria a ser a Hungria ou até mesmo da Alemanha.

Não apenas a mudança do conde Drácula da Transilvânia para a Inglaterra resultou em um conflito entre um mundo ainda pautado em características medievais com um mundo moderno, industrial, como também confrontou o passado e o presente e as consequências de uma mistura desses dois tempos como um limbo. A presença aristocrática foi aos poucos perdendo seu valor na Inglaterra democrática, suas características começaram a ser repelidas, entre elas as relações da aristocracia e seus serventes. Isso pode ser percebido na postura do conde, que acreditava coordenar os pensamentos e as ações dos outros personagens e que não permitia ser comandado por eles. Drácula, em suas próprias palavras recordadas por seus oponentes, mostrava-se como o mestre de todos, o líder dos homens, esposo de todas as mulheres e detentor do poder sobre a vida e a morte. Seus oponentes admiravam seu passado de glórias, mas o rebaixaram como algo inferior a eles mesmos, definindo-o como um perigo à sociedade, que precisa ser destruído o mais rápido possível.

Drácula era detentor de um título aristocrático, e a escolha de situar-se em Picadilli também o identifica com um particular tipo de aristocrata que ainda ansiava por receber vantagens. A região de Picadilli era comumente depreciada em romances, era a parte de Londres em que todos os desempregados residentes no bairro operário de West End buscavam dinheiro, luxo e favores sexuais.

Sem referências com o comércio sexual em Picadilli, leitores contemporâneos não conseguem ver a escolha propositada de Stoker por aliar Drácula com os aristocratas predadores de privilégios. Pela relação do vampiro com a sexualidade, deve-se mencionar que aristocracia e classe trabalhadora eram comumente associadas nesse período com o sexo desregrado, algo intensamente reprimido especialmente pela burguesia – estamos, afinal, tratando de seu século. De forma geral, Stoker desenhou sua classe trabalhadora como bêbados e covardes, até mesmo como ladrões. Especialmente reforçando o hábito de beber, Stoker traçou um paralelo com Drácula, que também possui o hábito de beber, tornando assim ambos, aristocracia e classe trabalhadora, algo a ser repelido.

O livro aparentemente começa como um diário de viagem e, aos poucos, aparecem comentários acerca de questões presentes no período de 1897, ano do jubileu vitoriano. Questões estas relacionadas ao imperialismo britânico, a diferenças raciais e de gênero, e principalmente ao choque cultural causado pelo que era estrangeiro e, consequentemente, atrasado. O diário de Harker já revela certo preconceito ao desconhecido; o que inicialmente se apresentou como exótico, pitoresco, logo se transformou em suspeito e, por último, em algo terrível na medida em que ele passou de turista a patriota.

A vida de um típico cidadão burguês no final do século XIX estava completamente ligada ao racional, descartando de seu cotidiano elementos que fugiam às explicações da lógica e do bom senso. Sendo assim, uma jornada ao Leste Europeu trazia conflitos que na obra foram amplamente explorados, pois foi por meio da contradição que o autor fez o movimento de mostrar ao leitor a superioridade de seu império. Portanto, logo que o livro começa, há já uma referência à discrepante relação entre Londres e a região inexplorada da Transilvânia, algo que foi visto como um aprendizado antropológico para a personagem.

Jonathan Harker é o único narrador nas primeiras 70 páginas! Sendo o representante do sistema legal britânico, ele é o difusor dos valores das leis inglesas, bem como do progresso e moral do século XIX. A cada página fica mais fácil identificá-lo como moderno, pois cada momento o levava para longe de sua civilizada Londres. Inicialmente sua impressão de Budapeste foi: "Estamos deixando o Ocidente para entrar no Oriente". E adicionou: "Parece-me que, quanto mais ao Oriente, mais atrasados ficam os trens. Como será que eles fazem na China?". Seu diário sempre privilegiaria o Ocidente em detrimento do Oriente; preferiria o presente ao passado; a razão, o progresso, a modernidade à superstição, à nostalgia, ao primitivo. O ápice da primeira seção do livro está ligado aos longos diálogos entre Jonathan Harker e o conde Drácula, nos quais se pode perceber claramente o conflito cultural gerado pelo embate entre o novo e o velho, o moderno e o tradicional. Devemos também atentar a maneira como Stoker construiu os diálogos entre Harker e o conde, pois estes são partes do diário de Harker. Portanto, as impressões de Drácula nos chegaram pela ótica de Harker, consequentemente pela ótica burguesa que muitas vezes repudiou as posturas de seu anfitrião.

Para compreender melhor a personagem de Drácula, seria necessário debruçar-se sobre as origens aristocráticas do conde. Stoker buscou em Vlad III, o Empalador (1431(?)-1476) – Vlad Tepes, em romeno –, as características para dar vida a seu vampiro ao longo das páginas do romance. Vlad III, também conhecido como Vlad Draculea, foi um príncipe (*voivoda*) da Valáquia de 1456 a 1462 e em 1476. O trono da Valáquia era hereditário, mas não seguia a lei do primogênito. Os nobres tinham o direito de escolher, entre os membros da família real, quem seria o sucessor. A família real dos Basarab, fundada por Basarab, o Grande (1310-1352), dividiu-se por volta do final do século XIV. Os dois clãs resultantes, rivais entre si, foram formados pelos descendentes do príncipe Dan e pelos descendentes do príncipe Mircea, o Velho (avô de Vlad III). Vlad II, conhecido posteriormente como Vlad Dracul – Cavaleiro da Ordem do Dragão, ordenado pelo Sagrado Imperador Romano Sigmundo

O vampiro propunha-se a uma relação com o passado no final do século XIX. Simbolizava a decadência de um mundo modernizado, onde o vampiro poderia apenas sobreviver. Figura 5 – Edvard Munch, *Vampire*, 1895, Oslo, Munch Museet.

de Luxemburgo no ano de 1431[1] –, teve três filhos: Mircea, Vlad e Radu. Todos os príncipes da Valáquia eram vassalos do rei húngaro; também, durante esse período, o domínio da região pelo Império Otomano era intenso, sendo que Vlad III, ao assumir o trono ficou pressionado entre dois tributos. Porém, seu objetivo durante seu governo era liderar uma política independente em relação aos turcos e, consequentemente, barrar o expansionismo islâmico na Europa. Em 1462, Vlad III perdeu o trono para seu irmão Radu, que havia se aliado aos turcos. Exilado na Hungria até 1474,

---

1. A Ordem do Dragão foi uma instituição católica criada para impedir a invasão dos turcos otomanos na Europa Oriental.

Vlad III morreu dois anos depois, assim que recuperou o trono.

Entretanto, foi nas lendas sobre Vlad III que Stoker se baseou para criar seu personagem. Segundo essas lendas, o príncipe tinha o hábito de empalar seus inimigos, atravessando-os com uma estaca de madeira. Outra lenda a seu respeito teria surgido depois da invasão da Valáquia pela Hungria, em 1447; nessa ocasião, Vlad II e seu filho mais velho, Mircea, foram assassinados. Em 1456, Vlad III retornou à região e retomou o controle das terras, assumindo novamente o trono da Valáquia. Esse retorno tardio de Vlad III teria confundido os moradores da região, que pensaram ser Vlad II retornando anos depois de sua morte. Isso teria ajudado a criar a lenda de sua imortalidade.

Com essas informações, podemos perceber por que Drácula temia perder seu poder e, ao decidir mudar-se para Londres, não queria passar-se por estrangeiro, confessando a Harker:

> Aqui sou um nobre, um Boyar.[2] O povo me conhece e me trata como seu senhor. Entretanto, um forasteiro em uma terra estranha não é ninguém, os homens ignoram sua importância, e não conhecer significa não ter consideração pelo outro. Eu já me satisfarei se puder passar por uma pessoa igual às demais, comportando-me de tal forma que ninguém se detenha a me observar (...) Já sou senhor há tanto tempo que prefiro continuar sendo-o ou pelo menos conservar o

---
2. Boyar ou Boyardo é o nome dado aos nobres na região da Romênia.

poder de não permitir que ninguém se julgue mais importante a ponto de querer ser superior a mim. (1890 p.28)

O poder que Drácula possuía em seus domínios não podia ser levado a outros lugares. Esse poder era demarcado pelo espaço em que vivia, pois estava ligado a tradições próprias de sua cultura, que por momentos se encontra com o passado inglês, momento este regido pela aristocracia. Porém, a fissura aberta no século XIX entre o tradicional e o moderno desconectou as duas realidades, e a aristocracia perdeu-se no tempo, ficando para trás, vivendo apenas de memórias. Portanto, a escolha de Stoker de visualizar por intermédio de Vlad III as características para seu conde denota o claro desejo de exprimir a sensação dessa classe decadente. Também, a questão do tempo era fundamental aqui, pois Drácula, apesar de sua imortalidade, temia o tempo. Tempo era tudo que lhe restava, porém foi o tempo também que o matou. Esse tempo era claramente representado pelo moderno, pois avançava rapidamente, inaugurando tradições completamente desligadas do passado aristocrático; o moderno indicando o caminho às novas tecnologias, às ciências.

O tempo na modernidade não estava mais baseado em forças naturais; o progresso iniciado já no século XVI deu ao tempo outra dimensão. Este por sua vez sofreu bruscas mudanças ao longo do século XIX, carregando consigo toda uma sociedade. O tempo configurou-se em outro tipo de temporalidade, dessa vez medida pelo tempo do trabalho – um tempo que escapava ao controle, que trouxe uma nova norma, que regulamentava os sentidos e os absorvia. Tempo que não deixava espaço ao que ficou para trás, tempo que trouxe uma dinâmica nova às relações. Tempo era a fonte do progresso econômico. No tempo moderno não havia espaço para o passado.

Sem dúvida, o mais estranho para Harker era a identificação de seu anfitrião com o passado. Era notável o descontentamento de Drácula com o mundo moderno, orgulhando-se dos tempos passados, de sua linhagem:

> Nós, os Szekes, temos todo o direito de ter orgulho, pois em nossas veias corre o sangue de muitas raças audazes, que lutaram como leões lutariam pela conquista da supremacia de um senhor. (1890: p. 53)

Retrato de um aristocrata velho de coração cansado por prantear tantos mortos ao longo da vida e que não se encontra mais em sintonia com sons da felicidade, tampouco com as inovações que marcaram o nascimento de uma nova era; o velho parece não encontrar espaço no novo, sendo a cada dia suplantado, sem ter meios de reagir à nova onda que atinge a tradição. E, por outro lado, o conde estava mais familiarizado com o mundo bélico pré-renascentista do que um residente da moderna Europa; confortável com a cultura de sua terra e memórias de feitos gloriosos, chegando à conclusão de que nada é comparável ao que existia outrora, antes da modernidade fascinante do século XIX.

Em certo sentido, na sociedade de Drácula, o sangue constitui um dos valores essenciais, pois tem seu poder definido pela hereditariedade (ter o mesmo sangue) e também pela sua precariedade (derramar o sangue). Já a partir do século XIX, a sociedade deixou de ser uma sociedade do sangue, pois abandonou o modelo de sociedade em que predominam as alianças, a guerra e o medo da fome. O poder não falava mais pelo sangue, mas por intermédio dos Estados.

A Inglaterra, como Estado, apareceu de maneira um tanto dúbia; por um lado, existiam novas estruturas burocráticas que claramente davam impulso ao novo modelo econômico-social, seja em seu próprio território ou em suas colônias, porém a figura do soberano ainda persistiu. Foi justamente esse fator que fez da Inglaterra um expoente da reforma econômica, e não política. O soberano, detentor de um poder secular, estava nitidamente conectado ao imaginário inglês; apesar da ruptura moderna com antigas estruturas, essa figura não desapareceu, tampouco perdeu sua influência; sua imagem seria difundida por todo o mundo. Também a perspectiva econômico-global traçada a partir da década de 1860 não possuía concorrentes: a Inglaterra reinava absoluta no novo império inaugurado pelo capitalismo. O império vitoriano teria tempo suficiente para impor sua dinâmica a outras regiões, até que, por fim, descobriria que não estava mais sozinho nesse jogo.

Stoker talvez tenha sido um dos poucos autores que produziram, no final do século XIX, trabalhos que elucidavam as preocupações políticas sobre "o império onde o sol nunca se põe". *Drácula* tomou forma em um período no qual se deu a expansão europeia, da Conferência de Berlim, em 1884, às Guerras dos Bôers, em 1899, marcada pela emergência de conflitos armados para detenção de poder territorial.

O desenvolvimento do capitalismo empurrou o mundo inevitavelmente em direção à rivalidade entre os Estados, à expansão imperialista, ao monopólio econômico e, por fim, à guerra. A economia mundial começava a deixar de ser a Grã-Bretanha. Embora as transações financeiras e comerciais passassem cada vez mais por Londres, a Grã-Bretanha já não era mais o "umbigo do mundo" nem seu principal mercado importador. Algumas economias industriais nacionais agora se enfrentavam; a concorrência econômica passou a estar intimamente ligada a ações políticas ou, em certos casos militares, do Estado.

E, nesse momento inseguro, abriu-se uma pequena porta por onde a tradição pôde passar, expondo-se em locais específicos, para reforçar o poder do Estado. Mas essa tradição emergente não estava mais ligada ao passado, já possuía as características dos novos tempos; passando pelo filtro do direito consuetudinário, sobreviveu e mostrou que tradições não se perdem na noite dos tempos como a modernidade fez parecer; podem tomar outra forma, ficar em um sono profundo, mas sempre iriam influenciar de maneira direta ou indireta o percurso dessa modernidade. Stoker representou isso muito bem; e Harker, durante o tempo em que esteve com Drácula, chegou à conclusão das mais aterradoras para o seu mundo:

> Os séculos passados tinham, e têm, poderes próprios, os quais a mera "modernidade" não é capaz de matar. (1890: p. 60)

O SANGUE

Drácula revela um autor com ávido interesse em ciência. Em suas páginas, constantemente há referências ao sangue, assunto que fascinava cientistas e médicos no século XIX.

Há muito o sangue era valorizado como o líquido da vida: era visto como o alimento do corpo ou causa de inflamação e febre quando perturbado, ou seja, ainda ligado à teoria dos humores utilizada pelos médicos hipocráticos. O corpo estaria sujeito a ritmos de desenvolvimento e mudanças determinados por seus fluidos essenciais, ou humores, confinados dentro do envoltório cutâneo e de cujos movimentos a saúde e a doença dependiam unicamente. Esses fluídos seriam a bile amarela, a fleuma, a bile negra e o sangue. Os quatro serviriam a diferentes propósitos, e o sangue seria a fonte da vitalidade. Mas a medicina hipocrática tinha seus pontos fracos, pois pouco se sabia sobre anatomia ou fisiologia, já que a dissecação humana seria contra a moral grega e, para compreender o sangue além da teoria dos humores, devemos, portanto, voltar-nos à autoridade romana no assunto: Galeno.

As veias que transportavam o sangue, afirmava Galeno, originavam-se no fígado, enquanto as artérias provinham do coração; no fígado, o sangue era "cozido" e depois escoava através das veias para diversas partes do corpo, para onde levava nutrientes e era "consumido". O sangue do fígado, ao chegar ao coração, ia para o ventrículo direito e daí se ramificava em duas partes; uma parte passava pela artéria pulmonar, para alimentar os pulmões, enquanto a outra atravessava o coração seguindo pelo ventrículo direito, onde se misturava ao ar, aquecia-se e prosseguia para regiões periféricas. Esse modelo da circulação sanguínea prevaleceu por mais de um milênio, mas, depois de 1500, como parte do novo espírito renascentista de investigação, foi questionado. Quem de fato iria apontar as falhas de Galeno e abrir caminho para novas abordagens em relação ao sangue seria o inglês William Harvey (1578-1657).

Harvey anunciou sua descoberta da circulação que consistia em: o sangue expelido do coração, no período de uma hora, ultrapassava em muito seu volume no corpo inteiro; centenas de litros de sangue saíam do coração diariamente, logo se tornava impossível que toda essa quantidade fosse absorvida pelo corpo e substituída continuamente pelo fígado. Por essas constatações, ele concluiu que o sangue devia se movimentar constantemente em um circuito, caso contrário, as artérias explodiriam sob a pressão; portanto, o sangue no corpo permanecia constantemente em movimento. Por último, Harvey descobriu que o movimento circulatório sanguíneo direcionava o fluxo sempre de volta ao coração. Desse modo, ele conseguiu explicar vários fenômenos anteriormente intrigantes, entre eles a rápida disseminação de substâncias venenosas no sangue.

Em *Drácula*, de Bram Stoker, as quatro transfusões feitas em Lucy falharam sob a influência do conde. Stoker menciona os instrumentos, mas não descreve exatamente que tipo de aparato dr. Van Helsing usa nas transfusões. A descrição do procedimento é vaga, porém o autor demonstra familiaridade com o tema, pois observa que Van Helsing não desfibrinou o sangue, ou seja, não o "desproteinizou". A transfusão sanguínea só se transformou em um tratamento eficaz em 1909, quando o imunologista Karl Landsteiner estabeleceu a existência de diferentes tipos sanguíneos, apresentando-se assim questões da hereditariedade dos tipos sanguíneos.

O sangue, durante muito tempo, constituiu um elemento importante nas manifestações dos mecanismos de poder. Em sociedades nas quais predominavam os sistemas de aliança, a política determinada pela existência do soberano, o valor das linhagens e o valor da hereditariedade – sociedade beligerante em que a morte era iminente, seja pela violência ou pelas epidemias – o sangue, sem dúvida, constitui um dos recursos essenciais, por seu papel instrumental (poder de derramar o sangue); seu papel nos signos (proveniência do sangue, ser do mesmo sangue); arriscar seu próprio sangue (sua precariedade; sujeito à extinção, pronto a se misturar, corruptível).

Isso representa bem a sociedade de nosso conde Drácula. Quanto à sociedade inglesa, os mecanismos de poder voltam-se ao corpo, à vida, ao que reforça a espécie, sua capacidade de dominar. E para isso seria necessário manter são o que fazia o corpo são: o sangue deveria estar livre de qualquer tipo de interferência que causasse seu enfraquecimento, que deixasse o corpo para trás na corrida da seleção natural.

Para os ingleses, o sangue não perderia seu poder, talvez pela presença do soberano e de todos os símbolos que derivam dele; pelo contrário, seus significados transmutariam. Se havia algo que se encontrava do lado da lei, da morte, da transgressão, do simbólico e da soberania era o sangue; do lado da norma, da vida e da disciplina estava a sexualidade; porém, tanto o sangue como a sexualidade se confundiam no emaranhado de sentidos. Sexualidade, para a sociedade em questão, representava a "porta" pela qual se definiam os parâmetros da sanguinidade: a procriação carregava a herança dos antepassados, e essa mistura do sangue determinava o tipo de vida e também o tipo de morte. Fatores externos estavam intimamente ligados ao sangue e à sexualidade. Por exemplo, a sífilis – doença venérea transmitida pelo sexo e alojada no sangue – que, estando no sistema circulatório, envenena todo o corpo. Em suma, o sangue absorveu o sexo.

Sob a influência de tantas nocividades, tanto de origem patológica – tuberculose, sífilis, cólera, entre outras

A sífilis foi uma doença associada ao vampiro no romance de Stoker, pela sua transmissão desmedida no final do século XIX. O vampiro ficou com o legado do mal sanguíneo que consumia vidas. Figura 6 – Richard Cooper Tennant, *Syphilis,* 1912, Londres, Wellcome Institute Library.

– quanto sociais – urbanização, pobreza, fome, alcoolismo, prostituição –, as forças do mal triunfaram momentaneamente sobre o bem e a humanidade; na curva da degenerescência, não teriam nada mais a oferecer do que uma quantidade relevante de frutos "imbecis", "histéricos", "tarados", "cretinos": símbolos do mal hereditário.

Esse retrato do apocalipse, como diversos jornais da comunidade científica designavam, teria um impacto maciço sobre o corpo médico.

SAÚDE MENTAL

Até a metade do século XVIII, a questão do insano estava próxima de uma visão religiosa, a qual, por sua vez, atribuía aos distúrbios mentais a concepção de possessão por uma entidade diabólica. Muitos dos insanos foram queimados nas fogueiras da Santa Sé por esse motivo. Porém, aos poucos, com o avanço das teorias médicas, a insanidade foi medicalizada, criando assim novos paradigmas à sua compreensão e tratamento.

No século XIX, a insanidade seria investigada de maneira patológica; suas formas clínicas, descritas e classificadas; seu parentesco com as doenças que atingem o corpo físico, reconhecidas com a psiconeurose. Porém, os distúrbios mentais deveriam ser entendidos não como um fato natural, mas como uma construção social sustentada por uma linha de práticas administrativo-burocráticas e médico-psiquiátricas. A observação da loucura nesse momento não estava propriamente vinculada à doença e ao seu tratamento, mas a questões de liberdade e controle, conhecimento e poder; as bruxas não mais encontrariam seu fim nas fogueiras, mas no asilo.

Durante o século XVIII, a Inglaterra possuía, na maior parte, asilos e casas de caridade nos setores privados. A maioria dos pacientes era então encaminhada para setores privados, para uma esfera além do controle do Estado. As condições desses asilos privados eram muito superiores às dos públicos – estes marcadamente provedores de assistência ao pobre. Em 1826, cerca de 900 mil pacientes encontravam-se em asilos na Inglaterra, isso com uma população de 10 milhões de habitantes.

Com o *Madhouse Act* de 1774, os asilos foram padronizados, admitindo-se um número proporcional de pacientes a seu tamanho. Também possuíam inspeção de uma equipe médica do *Royal College of Physicians*. O asilo, no século XIX, era voltado para condutas regularizadas, tendo assim início a função que se confiou aos hospitais no século XVIII: permitir a descoberta da "verdade" da doença mental, afastar tudo aquilo que poderia mascará-la, confundi-la, dar-lhe formas aberrantes, alimentá-la e estimulá-la. Mais que um lugar de observação, o asilo era um lugar de confronto. Esse choque era produzido pela resistência do doente em não revelar ao seu médico os segredos de sua paranoia e, desse modo, levar à vitória de uma das partes: um processo de oposição, de luta e de dominação. Dessa maneira, então, estabeleceu-se a função do asilo de alienados.

O grande médico do asilo era, ao mesmo tempo, aquele que poderia falar sobre a doença mediante o conhecimento que dela se tem e aquele que podia produzir conhecimento da doença pela sua influência sobre o paciente. Todos os procedimentos efetuados no asilo do século XIX – isolamento, interrogatório, punições físicas como a ducha, disciplina rigorosa, trabalho obrigatório, entre outros – tinham por função fazer do médico um sábio no trato da loucura, aquele que a fazia manifestar-se pelo que ela é em vez de deixá-la soterrada e silenciosa, aquele que sabia dominá-la após libertá-la.

O nascimento dessa nova perspectiva clínica não deixou claro, a princípio, suas fronteiras. Assim, a sociedade ainda a recebeu de maneira insegura; portanto, criou-se no imaginário um temor da loucura e, por sua vez, um medo de estar ou conviver com um insano, sendo que tudo o que não podia ser explicado pela razão e pelo bom senso tornou-se parte da loucura. As fronteiras entre sanidade e insanidade foram ditadas pelo ritmo desses tempos modernos.

Olhar a insanidade em *Drácula* nos faz focar em Renfield. Mesmo que o paciente do dr. Seward tenha pouca participação na trama, seu desejo de absorver tantas vidas quanto possível inicialmente o conecta a Drácula e, por outro lado, seu sacrifício para proteger Mina o liga à batalha contra o vampiro. Renfield era também um membro da alta sociedade londrina; seus amigos, ao constatar que ele começava a desenvolver uma obsessão por certa teoria para absorver vidas, acreditaram que ele estava mentalmente perturbado e decidiram interná-lo. Sendo Renfield o personagem insano, a questão da sanidade eventualmente perpassa por todos: dr. Van Helsing lamentava sua esposa insana; Harker, tendo se tornado prisioneiro do conde, por quem foi deixado aos cuidados das três mulheres vampiras, perdeu parcialmente o senso de realidade e, por momentos, não conseguia saber se as experiências pelas quais passou foram fruto de sua imaginação. Após seu ato corajoso de fuga, foi salvo e internado em um hospital em Budapeste com "febre cerebral" e dizendo coisas absurdas, além da compreensão racional. Capítulos inteiros foram dedicados ao asilo dirigido por dr. Seward, e a ideia de insanidade ronda os personagens por não acreditarem no que veem. O mais importante talvez seja que o fato de vários personagens questionarem sua sanidade acabar encorajando os leitores a examinarem amplamente o que era verdade e mentira, tocando os pontos sobre religião, ciência e até mesmo ceticismo no século XIX.

Quando os leitores são apresentados a R. M. Renfield, ele aparenta ser um novo paciente do dr. Seward, pois o médico parece estar no começo de seu tratamento. Quando Mina pediu para vê-lo, Renfield providenciou um pano de fundo, contando-lhe que foi internado por crer que poderia prolongar sua vida consumindo o maior numero de coisas vivas possível. Ele admitiu que sua crença o fazia perigoso a outras pessoas, tendo como exemplo a invasão ao consultório de seu médico, em que ataca dr. Seward com uma faca, cortando-lhe o pulso e, depois, lambendo o sangue derramado no chão. "Pois o sangue é a vida" é a frase que sugeriria advertência à medicina na distinção entre sagrado e secular, legal e ilegal, pois o sangue era a essência do corpo vivo. Se ele for infectado, acaba por infectar todo o sistema e possivelmente destruir esse mesmo corpo – consideração que desperta para a estratégia médico-moral dos anos 1850 e 1870.

Seu desejo por sangue o torna próximo de Drácula, a quem chama primeiro de mestre, auxiliando-o a entrar no asilo, onde o conde ataca Mina. Sua redenção aconteceu quando traiu seu mestre, ao descobrir que ele havia sugado o sangue de Mina, sendo morto por isso.

Mesmo que Renfield seja identificado como insano, ele foi aparentemente confrontado com a sanidade no momento em que compreendeu o que significava beber o sangue de outro ser. Essa constatação fez com que ele se aliasse ao "grupo racional" da trama. A distinção entre sanidade e insanidade não é sempre clara no livro, mas tornou-se mais evidente no caso de Renfield.

Dr. Seward descreveu-o como um devorador de moscas, aranhas e até pardais, mas Renfield reagiu a esse padrão – estudado a fundo por ele em seu caderno de anotações – no momento em que se descobriu que Drácula sugou o sangue de Mina e que isso poderia destruir a alma da jovem, argumentando que era "um homem são lutando por sua alma".

Nos momentos que antecederam sua morte, Renfield parecia estar são. Dr. Seward notou a diferença de comportamento enquanto seu paciente conversava com Mina. Nesse ponto, Renfield compreendeu o outro lado de sua teoria, desacreditando que consumir outras vidas prolongasse a sua, para assim poder salvar outra vida, a de um inocente. Vemos então que Renfield também buscava sua redenção; seu comportamento como insano o levou a uma busca constante pela sua sanidade.

Aqui então aparece a noção médica de crise: a crise, tal como era concebida e exercida desde o século XVIII, era precisamente o momento no qual a natureza da doença, até o momento escondida em um canto escuro da mente do paciente, se revelava; o momento em que o processo doentio por si se desfazia de suas barreiras, libertava-se de tudo aquilo que o impedia de completar-se e, de certa maneira, decidia ser isso e não aquilo, decidia o seu futuro. Renfield finalmente compreendeu a teoria que desenvolveu e atentou para o fracasso que ela acarretaria. Foi no momento em que recuperou a sanidade que obteve sua redenção, portanto libertou-se e pôde, assim, morrer.

DR. ABRAHAM VAN HELSING

É claro que Seward foi influenciado por dr. Van Helsing, seu amigo e professor, que produziu evidências convincentes sobre a necessidade de destruir Drácula:

> Mesmo se não dispuséssemos das provas de nossa infeliz experiência, os ensinamentos e registros do passado oferecem provas suficientes para pessoas sãs. Admito que, inicialmente, me mostrei cético. Se eu não tivesse, durante longos anos, treinado para manter minha mente sempre aberta, jamais teria acreditado, até o dia em que tal fato soou como um trovão em meus ouvidos. (1890: p.126)

Portanto, assim que Van Helsing conseguiu provar para o grupo a existência do vampiro, Seward foi forçado a aceitar a existência de tal ser, pois a ciência consiste em elementos que conseguiram ser atestados pela experimentação. Ele completou que essas evidências podem não satisfazer a maioria dos cientistas:

Um ano atrás, quem de nós receberia esta possibilidade, no meio de nosso científico, cético e factual século XIX". (1890: p. 189)

Porém, mesmo com pontos de pouca credibilidade, ainda não comprovados satisfatoriamente, a ciência aparecia como algo maravilhoso, que poderia mapear por completo as questões impostas à humanidade. Por isso, dr. Seward iniciou sua participação na trama otimista em relação às descobertas científicas:

> A humanidade rejeitou a vivissecção, e hoje vejam só os resultados! Por que não abrir caminho à ciência em seu mais difícil e vital aspecto – o conhecimento do cérebro? Se eu possuísse o segredo de uma única mente perturbada, se tivesse em minhas mãos a chave das fantasias desse cérebro lunático, encontraria condições de fazer progredir o meu próprio ramo científico até um grau elevado, comparado com o qual a fisiologia de Burdon-Sanderson ou os conhecimentos psiquiátricos de Ferrier nada mais significariam. (1890: p. 129)

Todavia, em razão do *status* fantástico que o vampiro possui, mais adiante Seward aparece questionando sua sanidade e a do grupo, apesar de nunca pensar em deixá-los ou reportar às autoridades as violações éticas que estavam cometendo. Renfield referiu-se a Seward como "médico-jurista", por seu amplo conhecimento legal; ele nunca questionou os métodos experimentais do dr. Van Helsing, mesmo quando este decidiu mutilar o corpo de Lucy. Sua reação nesse caso fora muito mais emocional do que se poderia esperar de um defensor da ciência. Por outro lado, Van Helsing era um cientista que não acreditava que a verdade estivesse sempre ligada à ciência, constantemente a questionando, pois acreditava no conhecimento tradicional mais do que em apenas testar teorias novas. Van Helsing era uma combinação única de cientista e mágico, e propunha à ciência que validasse a razão sem desprivilegiar o sobrenatural:

> – Você é um homem esperto meu caro John. Sempre raciocinou com clareza, mas sua mente é preconceituosa demais (...) Não crê na existência de muitas coisas que sua percepção não compreende, e, no entanto estão aí? (...) Ah! Esse é o grande defeito da ciência que quer uma explicação para tudo e, quando não a encontra, afirma não haver nenhuma (...) Suponho que você não acredite na transmigração de corpos. Não? (...) Nem na leitura de pensamento. Não? E tampouco no hipnotismo...
> – Nesse, sim – disse eu [Seward] –, Charcot o comprovou satisfatoriamente.
> – E foi o bastante para satisfazê-lo. Logicamente compreendeu a maneira como tal força atua e está em condições de acompanhar a mente do notável Charcot, infelizmente morto, para dentro do íntimo da alma do paciente que ele influen-

cia. Não? Então, meu caro amigo John, sou obrigado a concluir que você se limita apenas a aceitar os simples fatos e se satisfaz com um vazio entre a premissa e a conclusão. Então, diga-me, pois sou um estudioso do cérebro, como aceita o hipnotismo e rejeita a leitura do pensamento? Permita-me lhe informar que, em nossos dias, a ciência da eletricidade realiza práticas e experiências que seriam consideradas um sacrilégio pelos próprios descobridores, as quais acabariam queimados como bruxos, se nascessem antes de seu tempo certo. (p. 343)

Seu conhecimento denotava superioridade em relação ao do grupo que o seguia, pois sua visão não estava encarcerada nos campos científico e jurídico apenas. Ele era, portanto, o homem ligado ao tradicional, pois não deixava de lado o que o passado legou à sociedade moderna. Van Helsing também possuía suas limitações, baseadas em diagnósticos que não podem ser comprovados:

Sempre existiram mistérios na vida. Por que Matusalém viveu 900 anos (...) ao passo que a nossa pobre Lucy, mesmo recebendo em suas artérias sangue de quatro homens saudáveis, não sobreviveu um só dia? Porque, se tivesse resistido por mais um dia, nós a teríamos salvo. (1890: p. 214)

Toda a atenção médica prolongou a vida da jovem Lucy, mas seus poderes eram ainda limitados para solucionar o caso; sendo a jovem a primeira vítima do vampiro, os dois médicos desconheciam a doença que a atacava, bem como seu comportamento no corpo humano. Já no caso de Mina, eles descobriram que, para salvá-la, deveriam destruir a fonte da doença, o parasita, o próprio vampiro. Mas foram justamente suas falhas e limitações que o expuseram como um cientista pouco cético. Sua busca estava ligada a encontrar os porquês, mesmo que estes aparecessem de forma pouco crédula para seu século; para Van Helsing a ciência deveria experimentar, manter a porta entre passado e presente aberta.

O romance sugere inúmeras vezes que a ciência é tentativa. Renfield, por exemplo, mostrou-se uma espécie de cientista "manco", como sugeriu Seward, que fez referência ao livro de anotações no qual seu paciente analisava seus experimentos em que havia uma teoria impossível de ser provada: a ideia de prolongar a vida por um período indeterminado bebendo sangue de criaturas vivas. Logo, a ciência mostrava-se em avanço constante, e mesmo os cidadãos não ligados diretamente a ela sofriam suas influências.

Drácula também era um tipo de cientista. Van Helsing completou que seu inimigo foi em vida um alquimista, que era "o maior grau de conhecimento científico de seu tempo", e que "não existe conhecimento produzido em seu tempo que ele não saiba" e ele continuou "experimentando e está se saindo muito bem". Essas referências foram reforçadas pelas 50 caixas trazidas da terra natal do vampiro, "caixas com terra comum, para serem usadas com propósito experimental". Drácula falhou como cientista, pois seus conhecimentos estavam ultrapassados e, em vez de usar a razão, fugiu para seu *habitat* natural à sombra da primeira ameaça.

Aqui se colocou o problema da ciência como verdade. Podemos dizer que, ao longo dos séculos, a existência de mecanismos de verdade foi aos poucos superada pela prática médica e filosófica. A verdade não era mais o que é, mas o que se dava, ou seja, era o acontecimento; ela não era mais encontrada, mas suscitada pela produção; ela não se dava por aparatos de intermediação, mas era provocada, apanhada segundo ocasiões: fez parte de uma estratégia. Logo, a relação não era do objeto com o sujeito do conhecimento, mas sim uma relação de poder.

A importância da alquimia, por exemplo, vem sem dúvida do fato de ter sido uma das mais elaboradas formas desse tipo de relação de poder-saber; estava menos interessada em conhecer a verdade do que em a produzir. O saber alquímico só seria vazio se indagássemos em termos de verdade representada; já se o considerássemos como um conjunto de regras, estratégias, procedimentos e cálculos que permitem obter a produção do acontecimento "verdade", então seria pleno. A melhor prova, o indício mais seguro, que de fato repousa sobre toda uma concepção de verdade como objeto de conhecimento, seria a confissão do indivíduo acerca de seu próprio erro, ou melhor, de seu sintoma. Teríamos assim a constatação do que se passa entre os limites do conhecimento e da verdade.

Nesse ponto temos uma situação curiosa: Van Helsing era o cientista moderno que não desprivilegiava o passado, que via a verdade não em sua produção, mas como objeto de conhecimento; ao passo que Drácula, como a maioria dos vitorianos, privilegiava ainda a verdade como acontecimento, a via em sua produção. Enquanto Van Helsing acreditava que a ciência podia auxiliar o homem a compreender o mundo em que vive, Drácula temia o conhecimento como se este pudesse apreendê-lo.

DRÁCULA

A ciência por vezes tendeu a mudar rapidamente seu desejo de compreender o mundo para o desejo de dominá-lo. A rápida cena em que Harker observou as mãos do conde retomava a atenção à classificação científica do mundo no século XIX:

> Eu só havia notado, até aquele momento, o dorso de suas mãos, que repousavam sobre seus joelhos... elas me pareceram razoavelmente claras e finas. Agora, vendo-as bem de perto, seria impossível não perceber quanto eram grosseiras, pesadas e largas, com dedos grossos e curtos. Entretanto, a mais estranha particularidade residia em insólitos tufos de pelos no centro das palmas das mãos. As unhas, longas e finas, tinham sido aparadas em um corte pontiagudo. (1890: p. 33)

Sabendo de sua origem aristocrática, Harker encontrou dificuldades em classificar seu anfitrião que, quando próximo, lembrava um animal. Definitivamente o século XIX manteve o padrão de trabalho com hipóteses mais bem exploradas e demonstradas por Darwin, base da ciência experimental inglesa: suas revelações sobre a origem "animal" humana revisadas pela fé vitoriana no humanismo. Durante todo o século, guardiões dos poderes institucionais consolidaram-se catalogando a humanidade e controlando-a, como Drácula acreditava que Van Helsing faria com ele.

Após Lucy, Drácula e as três vampiras serem classificados como aberrações monstruosas, ficou evidente a forma de proceder para aniquilá-los. O desejo científico de classificar animais levou Lucy ao desejo de controle:

Drácula e os demais vampiros eram constantemente classificados em seus aspectos animalescos. Harker observou que a vampira loira do castelo "limpa seus lábios como um animal", e a maneira como Lucy reagiu ao ser caçada horrorizou dr. Seward: "Ao nos avistar, Lucy deu um salto para trás e soltou um rosnado raivoso, como o de um gato acuado". Mesmo que as mulheres vampirizadas fossem retratadas ora de forma animal ora de forma sedutora e promíscua, Drácula era sempre apresentado pelo grupo como animal; ele mesmo deu indícios de sua afinidade com outros seres quando, ao ouvir o uivo dos lobos, disse a Harker: "Ouça-os – as crianças da noite. Que música eles fazem". Van Helsing foi além, comparando o vampiro a vários animais e até sugerindo que fosse um:

> Ele é mais que bestial (...) pode surgir segundo sua vontade, quando e onde quiser, em qualquer das formas que são parte da sua pessoa. Também pode comandar elementos da natureza, como a tormenta, o nevoeiro e o trovão, ou dominar e dar ordens à maioria dos seres inferiores, como o rato, a coruja, o morcego, a mosca, a raposa, o lobo. (1890: p. 327)

Classificar Drácula como algo não humano resolveria uma série de problemas aqui, pois o faria um ser mais fácil de caçar. Também o fato de o conde exercer poder sobre outros animais denotava seu elo com o que havia de mais baixo, sujo e espúrio na sociedade, ou seja, tudo o que a sociedade burguesa desejava eliminar.

As características do vampiro, como a retração das gengivas, a sensibilidade à luz do sol, o crescimento anormal de pelos e unhas, a tez pálida, levemente arroxeada, poderiam associá-lo ao portador de porfiria. Porfirias eram caracterizadas por distúrbios de ordem física e neurológica. Existiam diferentes tipos de porfiria, classificados de acordo com deficiências enzimáticas específicas no processo de síntese do heme[3]. O termo derivava da palavra grega *porphura*, que significava "pigmento roxo"; durante um ataque de porfiria, o indivíduo afetado pode apresentar uma coloração arroxeada dos fluidos corpóreos, especialmente do sangue. As primeiras descrições da doença foram estabelecidas pelos médicos hipocráticos, mas as causas da pigmentação foram estabelecidas em

---
3. Heme é formado por um conjunto de proteínas conjugadas, que consistem de um átomo de ferro no centro de um largo anel orgânico chamado porfirina. O grupo heme possui um átomo de ferro ferroso "Fe++" para exercer a função de ligação com o oxigênio em células sanguíneas.

1871 pelo alemão Felix Hoppe-Seyler, e a catalogação das características de cada tipo de porfiria foi realizada por B. J. Stokvis, em 1889.

As porfirias com manifestações agudas afetavam primariamente o sistema nervoso central, resultando em dor abdominal, vômitos, convulsões e distúrbios mentais, incluindo alucinações, depressão, paranoia e ansiedade. Se houvesse ataque ao sistema nervoso autônomo, poderiam ocorrer constipação, elevação ou queda da pressão arterial, taquicardia e outras arritmias cardíacas. Em casos mais graves, poderia ocorrer paralisia do bulbo[4] cerebral com parada respiratória e distúrbio psiquiátrico, culminando em suicídio.

Sabemos também que a porfiria e a hemofilia[5] eram doenças comuns na família real britânica em virtude prática de endogamia. A porfiria foi atribuída como causa da loucura apresentada pelo rei Jorge III (1738-1820), e sua neta, a rainha Vitória (1819-1901), possuía os genes da hemofilia, pois seu pai, o príncipe Eduardo Augusto (1767-1820), era portador da doença; seu filho, rei Eduardo VII (1841-1910), também desenvolveu a doença.

A porfiria cutânea tarda era o subtipo mais comum de porfiria; resultava dos baixos níveis da enzima responsável pelo quinto passo na produção de heme. Quando os sinais e sintomas ocorriam, eles usualmente iniciavam na vida adulta e resultavam na pele tornando-se mais sensível à luz solar. As áreas da pele expostas ao sol desenvolviam bolhas, cicatrizes, mudanças na pigmenta-

---

4. Bulbo é a porção inferior do tronco encefálico, juntamente com outros órgãos, como o mesencéfalo e a ponte, que estabelece comunicação entre o cérebro e a medula espinhal.
5. Hemofilia é o nome de diversas doenças genéticas hereditárias que incapacitam o corpo de controlar sangramentos.

ção e hipertricose – aumento da quantidade de pelos. Também podia dificultar a cicatrização de feridas e provocar a deformação do corpo, pela ação da doença nas cartilagens; a pele exposta se tornava frágil e era facilmente lesada. As pessoas com porfiria cutânea tarda também possuíam níveis altos de ferro no fígado. Elas apresentavam grande risco de desenvolver funções anormais do fígado e câncer hepático. Os sinais e sintomas desse distúrbio podiam ser desencadeados por fatores genéticos, mas isso não significava que necessariamente exista um histórico familiar da doença; podia também ser causada por fatores não genéticos, como abuso de álcool, excesso de consumo de ferro, algumas disfunções hormonais e infecções virais. Por outro lado, a porfiria era uma doença que atingia uma em cada 25 mil pessoas, sendo pouco conhecida até os nossos dias.

Aliado a essa questão, temos também outro ponto explorado pelo autor que auxilia na captura e destruição do monstro: suas características físicas. Portanto, vejamos o que Harker nos traz:

> Seu conjunto facial enquadrava-se no tipo aquilino – aliás, acentuadamente aquilino – graças ao destaque bastante característico de uma arcada nasal alta e fina, em contraste com os orifícios das narinas, arqueados de forma peculiar. A testa era abaulada e os cabelos, muito profusos nas demais partes visíveis de sua cabeça, mostravam-se escassos, em especial ao redor das têmporas. As sobrancelhas formavam um traço compacto, praticamente se encontrando

por sobre a arcada do nariz e com fios longos que pareciam formar anéis, como se tivessem vida própria.
Então, a boca (...) Até onde permanecia visível debaixo do basto bigode, revelava-se dura e de aspecto cruel, emoldurando dentes alvos e estranhamente pontiagudos. Na verdade, eles pareciam se projetar sobre os lábios, os quais se mostravam de um tom rubro tão intenso, que sugeriam uma inusitada vitalidade em um homem de tanta idade. Suas orelhas eram extremamente brancas e com um formato afilado na parte de cima. O queixo era largo e forte, e as faces mostravam-se firmes, embora um tanto encovadas. O efeito geral causava a impressão de uma profunda e extraordinária palidez. (1890: p. 33)

Isso vai ao encontro da teoria de Cesare Lombroso[6] e seu Criminoso Nato. A maior parte dos precursores de Lombroso tinha se fixado no estudo das anomalias psíquicas dos delinquentes, criando algo parecido com uma "psicologia criminal". Sem ignorar o trabalho de seus colegas, Lombroso priorizou outro ponto: o inventário sistemático das taras e más-formações da organização física dos criminosos.

O Homem Criminoso, publicado em 1876, reuniu a pesquisa de Cesare Lombroso feita mediante a coleta de informações de médicos, antropólogos, etnólogos, natura

---
6. Cesare Lombroso (1835-1909), médico e cientista italiano.

listas, entre outros, e autores clássicos da Antiguidade e do Renascimento. Todo esse material o ajudou a remodelar e estabelecer o universo do crime, e sua influência foi enorme em toda a Europa.

Na primeira parte, discutiu o ato criminoso em dimensão universal. O crime existia nos reinos vegetal e animal. Paixão ou simplesmente alienação levavam ao canibalismo, infanticídio ou até mesmo à "associação de malfeitores" nesses reinos. Os povos primitivos já demonstravam também a tendência ao crime, entre os quais o aborto, o infanticídio, o assassinato de velhos e doentes, o assassinato religioso ou canibalismo ritualístico faziam parte da vida cotidiana e eram comparados ao homicídio colérico na sociedade contemporânea.

Um grande conjunto de vícios e taras – cólera, vingança, ciúmes, mentira, crueldade, violência, vaidade, preguiça, furto, ociosidade, alcoolismo, jogo, predisposição à obscenidade, à prostituição – seria gerado pela loucura moral, termo aplicado por alienistas e que Lombroso tomou como criminoso nato. Os primeiros sinais da loucura moral apareceriam, de maneira natural, nos primeiros anos da vida do homem, ou seja, na infância. Lembramos aqui que, quando Van Helsing decidiu hipnotizar Mina para descobrir o paradeiro de Drácula, ele observou que deveria entrar em contato com o cérebro infantil do conde, pois era o canal por onde poderia compreender a maldade e astúcia dele.

Lombroso concentrou-se na anatomia patológica e na antropometria do crime na segunda parte de seu trabalho. Por suas mãos passaram crânios de todas as nacionalidades, de ambos os sexos, de criminosos e pessoas honestas. Fez também uma análise de todos os trabalhos disponíveis sobre essa questão. Suas conclusões referiram-se à capacidade, circunferência, semicircunferência, arcos, curvas ou ângulo facial dos crânios "delinquentes". Nos dados numéricos detalhados por ele, estabeleceu a capacidade craniana de, por exemplo, cúmplices de estupro, prostitutas, assassinas e ladras.

O criminoso nato era, sem dúvida, dotado de um grau elevado de inteligência, variando dentro dos parâmetros de sua instrução. Também boa parte dos criminosos – geralmente canhotos – era resistente à dor. De um ponto de vista psíquico, viviam em uma espécie de estado letárgico, anestesiados. Suas reações a cenas e objetos constataram que seu único receio estava em ser capturado.

Os assassinos tinham os cabelos negros e crespos, a pele morena, o nariz aquilino, adunco, disforme, maxilares potentes, caninos muito desenvolvidos, orelhas de abano volumosas, o crânio achatado (plagiocefalia) ou arcado (acrocefalia), a fronte deprimida, as arcadas superciliares proeminentes, maçã do rosto (zigoma) enorme. Os homicidas "habituais" possuíam estrabismo, geralmente apresentavam um "ar suspeito" e o olhar vítreo, frio, imóvel, por vezes injetado de sangue; nariz aquilino, ou melhor, adunco. O rosto do criminoso nato era sempre oblíquo.

Drácula se encaixava fisicamente nas características do criminoso nato. Suas vítimas, após serem "contaminadas" por ele, desenvolviam algumas das características citadas, como o olhar vítreo, injetado de sangue e até um ar angelical. Lucy passou a ser identificada por "Dama dos Ardis", nome dado pelas crianças da região de Hampstead Hill, onde a jovem costumava atacar, seduzindo as crianças pela doçura de sua voz e por ter "a beleza de um anjo".

Então, em suma, Drácula era uma figura extremamente inteligente, dotada de amplo conhecimento de alquimia, utilizando-o tanto para experimentos como para fugir de seus inimigos. Traços em sua aparência e comportamento o identificavam como não humano, associado inúmeras vezes a um animal. Sua fisionomia encaixava-se nas categorias designadas por Lombroso de assassino e homicida. Sua linhagem estava ligada ao sangue, tanto pelos laços de hereditariedade – dar seu sangue, misturar seu sangue – quanto pelo quadro patológico – sangue contaminado que, passado adiante, infectava outro sangue e consequentemente outro corpo. Possuía preferência por vítimas do sexo feminino, que, após seu contato, tendiam a desenvolver características ligadas à promiscuidade. A figura de Drácula, portanto, personificava toda a ideia de doença, degenerescência e impureza proposta pelo Estado vitoriano.

Ele era a soma de todos os aspectos discutidos anteriormente. Como um verme que corroía as entranhas saudáveis, o desejo de dominá-lo, classificá-lo e eliminá-lo seria para um bem maior. Transitando entre os medos da herança tradicional aos tempos modernos, o vampiro teria de ser expulso do império, voltar a seus domínios, ser aniquilado. Stoker construiu um personagem que caracteriza o lado contrário da norma, esta ligada ao moderno, científico, cético e saudável.

SAÚDE PÚBLICA E CONFLITOS DE GÊNERO

Em *Drácula* a ciência e conhecimento estão restritos ao domínio masculino. Van Helsing e Seward são os cientistas. Harker é corretor de imóveis, um homem de negócios; Holmwood administra os bens da família ao receber o título de seu pai – lorde Godalming –; e Quincey Morris é um explorador. Entre as mulheres, apenas Mina trabalha como professora, mas somente até se casar com Harker, quando passa a dedicar-se exclusivamente à casa e auxiliar a carreira do marido, utilizando suas habilidades como secretária. Seria interessante lembrar que nesse momento as carreiras científicas não possuíam mulheres – as poucas a se diplomar sofreram grande resistência por parte de seus colegas do sexo masculino; sabe-se que o papel das mulheres nas universidades só teria sucesso após a virada do século. O único papel destinado a uma moça virtuosa era o de dar suporte ao marido. Assim, as mulheres da obra foram divididas entre a boa mulher – Mina e Lucy, antes da vampirização – e a má mulher – as três vampiras do castelo do conde e Lucy, após a contaminação. Sem dúvida as personagens possuem não só uma participação relevante na trama como também revelam o trato com a mulher no século XIX, tanto em relação ao gênero como à sexualidade. A boa mulher ainda estaria relacionada com uma postura tradicional feminina, enquanto a má mulher seria a personificação das questões modernas que se levantavam em relação a feminismo, pureza, saúde pública, as quais perpassavam o sexo.

Nos séculos que precederam o século XIX, os códigos da obscenidade e do recato misturavam-se sem incômodo nem escândalo até que, como se alguém apagasse a luz, a sexualidade foi encarcerada pela máscara da decência. Seu espaço estaria delimitado ao quarto do casal, com a função única de reproduzir; assim, impôs-se como modelo, tornou-se segredo. Às novas normas para a compostura, restava encobrir-se, escondendo o corpo, varrendo dos discursos toda e qualquer menção a ele. Após anos de livre expressão, a repressão coincidiu com o desenvolvimento do capitalismo, fazendo parte da ordem burguesa. Uma primeira explicação se desenha: o sexo seria incompatível com a exploração sistemática da força de trabalho. O trabalho poderia rivalizar com o sexo? Jamais. Porém, se ele insistia em permanecer descoberto, deveria ser tratado como anormal. A odisseia do erotismo como se conhecia havia chegado ao fim.

Os caminhos do sexo e do amor eram, para os burgueses do século XIX, linhas paralelas. O amor correu por um caminho oposto ao do sexo, ou seja, para longe da luxúria. O amor burguês constantemente se apresentava sob o disfarce proposto pelas artes, em sonhos incompreensíveis e em confissões involuntárias. Eficientes instituições serviam para orquestrar o ensejo a uniões apropriadas; em um momento em que a privacidade se tornou algo essencial e as expressões públicas de afeto carregaram a mácula da devassidão, o caminho encontrado para a manifestação do amor foi aquele do sentimento profundo, puro e sincero.

Os burgueses "corretos", quando procuravam uma esposa, precisavam estabelecer-se em uma profissão antes de se arriscar a "fazer o pedido". A instituição matrimonial era uma forma de estabelecer alianças entre os emergentes "clãs" burgueses, de firmar assim seu poder econômico, social e político. "Estar amando" não detinha qualquer relação com o desejo físico; o amor era sensual, mas plácido, uma paixão civilizada e confessa, formalizada. A sociedade burguesa aceitava o amor abertamente, mas rejeitava o sexo.

O que não se quer se isola. A casa de saúde e a casa de tolerância – como o próprio nome já diz – eram os lugares disponíveis: a prostituta e seu cliente, o psiquiatra e sua histérica. Ali, o sexo discretamente foi autorizado, sempre vinculado a um alto preço. Fora desses lugares, o puritanismo moderno impôs-se pelo mutismo, inexistência e embargo. Porém, o que marcou o sexo no século XIX foi justamente o fato de se falar sobre ele como em nenhum outro século; o sexo foi estudado e medido, e produziu-se uma literatura do sexo correto, medicalizado. Criou-se em seu entorno uma biologia da reprodução, que caía para um campo de outros poderes vindouros, como o medo do mal venéreo, e deste para higiene.

A medicina trabalhava em conjunto com os princípios religiosos da educação moral – educação pautada nos princípios religiosos anglicanos. A Igreja Anglicana é uma Igreja cristã que adotou os princípios bíblicos da Reforma Protestante do século XVI. Em seu lema, procura não envelhecer, mas renovar-se continuamente, acompanhando o direito consuetudinário – formou, a partir da metade do século XIX, um plano de resposta às doenças que agiam pela corrente sanguínea, começando com as classes mais pobres até chegar a outros estratos da sociedade. John Simon via a necessidade de manter a medicina próxima dos princípios sanitários, uma medicina preventiva, enquanto Chadwick insistia que a autoridade sanitária ficasse livre da administração médica. Divergências à parte, ambos concordavam no ponto de partida para "limpar o sangue" da Inglaterra: a prostituição.

A partir da década de 1820, as forças armadas reportaram um incrível avanço das infecções venéreas nos soldados. Nas décadas de 1850 e 1860, a questão começava a ser debatida como uma guerra contra o crime, pois a imoralidade ganhou o *status* de "grande mal social" e quem a praticasse corria o risco de ser preso, enforcado ou levado à casa de saúde.

Na década de 1850, o princípio sanitário foi usado para justificar demandas de intervenção do Estado regulando doenças sexuais e imoralidade. O caso de prostitutas doentes ganhou peso tão grande quanto o combate ao tifo, fazendo com que o órgão sanitário inglês realizasse um censo entre as prostitutas, com dados como dias de trabalho, quantidade de clientes, estado civil, existência de filhos etc., e também submetendo as prostitutas a um exame periódico estabelecido por lei.

Em 1864, o Parlamento deliberou os primeiros três estatutos que regulamentavam a inspeção sanitária de prostitutas que trabalhavam em áreas militares. Os estatutos expandiram-se para a esfera do que se chamava de "prostitutas comuns", que passaram a ser controladas em suas atividades pela polícia. As que sofriam de gonorreia ou sífilis deveriam ser internadas em um hospital por um período médio de nove meses. No caso de não recuperação, deveriam ser levadas aos locais de internamento, providos pelos asilos. A oposição pública às regulamentações proibitivas da prostituição foram, na década de 1870, formadas especialmente pela classe média feminista, que denominou o tipo de tratamento aplicado às prostitutas como imoral e inconstitucional. A participação da classe média feminista chocou a classe médico-sanitária, sendo vista como uma rebelião de causa incompreensível.

Os médicos formavam o grupo que mais apoiava a nova legislação. Numericamente, médicos eram dominantes em elaboração de emendas parlamentares entre 1867 e 1881, empurrando a extensão da legislação, válida então apenas em Londres, para âmbito nacional, para um sistema eficaz de inspeção e detenção de prostitutas. A fim de manter a população masculina saudável e longe das prostitutas, o segredo estaria em promover casamentos urgentes com moças de recato.

Ocorriam casos, por exemplo, nos quais um homem infectado nas ruas por uma doença venérea, ao passá-la à sua esposa, poderia recusar-se a admitir que a fonte da contaminação familiar fosse ele. Geralmente esse homem pediria legalmente o chamado *Termo de Contestação*, que continha um pedido de internação da esposa por traição e ameaça à saúde e bem-estar da família, alegando que seria a esposa a infiel causadora da doença. O *Termo* precisaria de parecer e assinatura de dois médicos e, caso o juiz aprovasse o pedido, a esposa seria trancafiada em um asilo. Para o homem era melhor padecer da vergonha de adultério à vergonha de assumir publicamente que estava contaminado por outros meios. A mudança processada na segunda metade do século XIX foi a visão da prostituição como uma forma perigosa de atividade sexual e, principalmente, a visão da mulher como um ser vil à saúde; portanto, os limites das experiências femininas ligadas ao sexo deveriam ser controlados pelo Estado. A divisão entre boa e má mulher deu-se pela sexualidade, e nela podemos observar que as ciências, campo dominado pelos homens, se mostravam incansáveis no trabalho de sanificar o sangue humano mediante normas de controle do sexo, livrando-o das doenças potencialmente epidêmicas. Nesse momento, evidenciou-se a misoginia vitoriana apoiada em uma divisão de comportamento embasado pela medicina social. Como Harker observou a respeito das três mulheres vampiras do castelo do conde, elas detêm uma mistura de volúpia e atração:

> Permaneci quieto, observando por sob minhas lentes, em uma agonia de deliciosa antecipação. A pálida jovem avançou, ficando onde eu podia sentir seu hálito sobre mim. Em um sentido, ele me parecia doce, como mel, e transmitia aos nervos a mesma percussão de sua voz, mas com um amargo por detrás do doce, um ofensivo amargo que pode ser sentido no sangue. (1890: p. 46)

As mulheres também ocuparam espaço significativo no imaginário, não apenas no período vitoriano, pois no folclore britânico elas apareciam ligadas ao sobrenatural por meio da relação sangue/sexo.

As deusas celtas governavam a fertilidade, como os nascimentos e as colheitas; também eram guerreiras e, algumas vezes, o fim dos conflitos dependia de seus caprichos.

As lendas fazem com que possamos associar as três vampiras do castelo de Drácula às *fah-ri* — termo que significa "mulher-espírito", que aparece com maior frequência na Escócia. É conhecida como *baobhan sith*, *glaistig* ou *leanan sidhe* em outras regiões da Grã-Bretanha, e como *les dames blanches* na França. Suas características foram imortalizadas, porém, pelo termo *fah-ri*, posteriormente *fairy* [fada]. Elas tomavam forma de mulheres muito belas, a pele era pálida como marfim e, mesmo nas noites de verão, seu hálito e toque eram frios. Durante a noite dançavam sob o luar, convidando os passantes a juntarem-se a elas; nenhum homem recusaria, pois elas possuíam poderes hipnóticos. Uma vez em seu abraço glacial, o homem estaria condenado; ela sugaria seu sangue, e seu corpo seria encontrado às margens da estrada. Podiam também tomar as feições da amada, para assim seduzir e matar.

As características das três vampiras estariam, portanto, ligadas a um passado tradicional, voltado para o imaginário construído em torno da figura feminina no folclore bretão; porém, seu comportamento contrário à moral vigente no período denota o elo com as modernas questões impostas pelo controle da sexualidade, principalmente a feminina. Já no que diz respeito às jovens inglesas Lucy e Mina, as características transitam entre o passado tradicional – pelo seu comportamento subserviente ao sexo masculino e também pelos aspectos da contaminação do vampiro que as ligariam às três vampiras – e as noções políticas e de saúde próprias da modernidade em que vivem – os sintomas do contágio pelo vampiro, transformação física e comportamental e necessidade de emancipação.

Lucy, antes uma jovem na qual brilhava a decência, após o contato com vampiro apresentou uma grave mudança de comportamento:

> E então ocorreu, de maneira insensível, a estranha mudança que eu havia notado durante a noite. Sua respiração tornou-se ofegante, a boca se abriu revelando a insólita retração

As mulheres novamente são associadas a reuniões secretas e a poderes sobrenaturais concedidos pela magia e adoração ao diabólico. Figura 7 – Jacob Cornelisz van Oostsanen, *Saul e a bruxa de Endor*, 1526, Amsterdã, Rijskmuseum.

das gengivas sem cor, o que tornava seus dentes mais longos e pontiagudos. Em uma espécie de vaga e letárgica sonolência ela abriu os olhos, agora com um brilho duro e inexpressivo. Sua voz era leve e voluptuosa, como eu jamais ouvira soar em seus lábios antes.

— Arthur! Oh, meu amor! Como estou feliz por ter vindo! Beije-me meu amor! (...)
— Não! Não a beije por amor à sua vida!
– disse ele [Van Helsing] – Não o faça pela salvação da sua alma e da dela! (1890: p. 290)

A jovem estaria notadamente sob influência da patologia transmitida pelo vampiro, que alterou sua postura e características físicas. Lucy, ao ser infectada, começou a compartilhar das características já notadas nas três vampiras. Parece que perdeu totalmente a consciência de sua vida pregressa, como se a doença fizesse com que ela fosse outra pessoa, perdendo os laços que a colocavam como a boa mulher.

De certa maneira, Lucy dividiu-se em duas: a jovem burguesa, com todos os predicados e posturas aceitas pela sociedade vitoriana, e a jovem promíscua, predadora, que espalha doença, representante da misoginia. Porém, esse comportamento duplo que a personagem exprime pode ser a personificação de um novo tipo de mulher que começava a aparecer no final do século XIX, chamada pelos intelectuais de *New Woman*.

As *New Women* pretendiam emancipar-se política, financeira e até sexualmente. Elas seriam capazes de atos audazes como, por exemplo, tomar a frente e pedir um homem em casamento. Reivindicavam o direito de voto, de herdar e dirigir riquezas e bens, de poder ocupar cargos que eram dominados por homens, entre outros. Stoker demonstra uma postura de repúdio a essa nova mulher, fazendo referências por vezes críticas quando observa Lucy e Mina fazendo uma refeição em Whitby: "Acredito que nós teríamos chocado as Novas Mulheres com o nosso apetite". Em seguida, mostra-se irônico em relação às ambições delas:

> Algumas das escritoras das Novas Mulheres deveriam algum dia começar com a ideia de homens e mulheres verem-se dor-

> mindo antes de propor ou aceitar um pedido de casamento. Mas suponho que no futuro as Novas Mulheres não serão condescendentes em apenas aceitar o pedido. Elas mesmas farão o pedido. E farão um belo trabalho, com certeza! Existe algum consolo nisso. (1890: p. 97)

A partir da segunda metade do século XIX, o movimento pelos direitos da mulher ganhou espaço nos debates parlamentares em várias estâncias, entre elas o sufrágio da mulher, o acesso ao pedido de divórcio – antes apenas requerido pelo homem – e os direitos da mulher casada sobre os bens do marido, proclamados pelo *Married Women's Property Acts* de 1882. O movimento feminista desejava que as mulheres saíssem da sombra dos homens e deixassem de ter apenas a função de esposas e mães. As *New Women* queriam, acima de tudo, acesso à educação, oportunidades para trabalhar e direito à união livre – não apenas ao casamento. As *New Women* conquistaram muitos desses direitos apenas após a Primeira Guerra Mundial e, até o final do século XIX, seriam vistas como agitadoras, desacreditadas pela sociedade.

Stoker conecta as *New Women* a Lucy e às três vampiras por serem predadoras sexuais, afirmando que a intenção seria ligá-las aos problemas sociais relacionados às prostitutas, pois as mulheres com impulsos feministas tornaram-se também alvo de preocupação social; as vampiras possuíam o ímpeto de iniciar uma relação com os homens antes de eles tomarem a iniciativa; também tinham a característica de se alimentar do sangue de crianças, preferindo destruí-las a cuidar delas, ou seja, negligenciando a função sagrada da mulher.

As *New Women*, exigindo independência econômica, política e sexual, eram vistas como ameaça a divisões convencionalmente sexualizadas entre os papéis domésticos e sociais. Repudiar o movimento feminista era um ato de conservar uma política que envolvia questões de virtude, decência, comportamento social e pureza; manter a mulher afastada das esferas sociais dominadas exclusivamente pelos homens era fundamental para cultivar instituições, como do casamento e da família, vivas. Na obra, os valores atribuídos a essas instituições são expressos por intermédio da personagem Mina. A relação de Mina com Harker é absolutamente pautada no estereótipo do amor vitoriano; ela é identificada como mãe de todos os heróis no combate ao vampiro e posteriormente se torna mãe do pequeno Quincey Harker. Portanto, Mina seria o expoente do comportamento feminino tradicional.

Mina, quando atacada por Drácula, recusa a ter o mesmo destino de sua amiga; ao contrário de Lucy, ela oferece resistência à sua vampirização. Adquirindo a "marca da contaminação" – a mancha vermelha em sua testa, como um estigma, após a tentativa de Van Helsing de purificá-la com a hóstia –, chega a pedir ao grupo que a mate caso não consigam curá-la. Por meio de Mina, vislumbramos o que a sociedade esperava de uma mulher, pois sua resistência marca a grande luta para manter a mulher em seus papéis tradicionais.

Durante a jornada do grupo para destruir o vampiro, Mina, ao se deparar com as três vampiras do castelo, foi tomada por elas como "irmã", mas não parecia disposta a ceder aos efeitos de sua mudança. Van Helsing então observou: "O terror em seus belos olhos, a repulsa, o horror contaram uma história cheia de esperança ao meu coração. Agradeço a Deus por ela não ser como elas". A jovem, que aos poucos mostrava os mesmos sintomas que mataram Lucy, aparece então como uma das figuras mais poderosas na trama. A aparente fragilidade de Mina como mulher assume, a partir do momento em que começou sua transformação, características sobrenaturais, apoderando-se da força mágica de Drácula.

Stoker jogou novamente com os aspectos tradicionais da mulher presentes no imaginário britânico. Aqui, os poderes que Mina desenvolveu não são usados em favor do vampiro, mas contra ele. Ela então teria ligação com a deusa celta Brighid, a deusa-mãe que regia todas as forças da natureza. Seu nome significa "luminosa" e ela foi incorporada ao Cristianismo no ano de 450, passando a ser conhecida como Santa Bride de Knockbridge. É uma figura de extrema força no folclore, mantendo-se assim até os dias de hoje. No momento em que Drácula ofereceu a Mina um vislumbre de seus poderes, ela se mostrou muito mais forte que ele, sendo a única pessoa na trama que poderia destruí-lo. No momento em que ela apareceu subjugada ao vampiro, surgiu a possibilidade de eliminá-lo, justamente por compartilharem dos mesmos poderes. Assim, quando Van Helsing se empenhou em proteger Mina das três vampiras, ela não se mostrou preocupada: "Quando ela riu, um riso baixo e irreal, e disse: 'Medo por mim? Por que medo por mim? Ninguém no mundo está mais protegida delas do que eu'".

Mina também detém características masculinas, expressas na frase de Van Helsing: "Ah, essa maravilhosa senhora Mina! Ela tem o cérebro de um homem – um cérebro que um homem deveria ter se fosse muito talentoso – e o coração de uma mulher"; e também no momento em que Mina e o grupo enfrentam o vampiro: "empunhei meu revolver pronta para usá-lo". A jovem então mostrara sua inteligência e sua força para o grupo de homens, e assim conectou-se parcialmente às mulheres que buscam sua emancipação; por outro lado, essas características fizeram dela um ser quase beatificado para o grupo, um exemplo de mulher.

Ela utilizou sua força e inteligência em prol do grupo masculino da trama e, por possuir um coração de mulher, ainda se encontrava absolutamente ligada ao ideal da classe média burguesa vitoriana, ligada à família, à tradição. Van Helsing também sugere que a heroína da trama seja um exemplo de mulher a ser seguido:

> Ela é uma mulher eleita por Deus, modelada por Suas próprias e milagrosas mãos para mostrar a nós homens e a outras mulheres que ainda existe um Céu no qual podemos entrar e que Sua abençoada luz também pode nos guiar na Terra. Tão fiel, tão nobre e generosa, e, permita-me que o diga, tantos predicados em uma só pessoa é realmente demais para as ambições e o ceticismo da época em que vivemos. (1890: p. 188)

Ao referir-se às "ambições e ao ceticismo", Van Helsing expressou clara desaprovação em relação às questões de emancipação da mulher; a descrença típica do século fez com que a racionalidade desse margem a questionamentos a respeito de posições e posturas já há muito delimitadas, pois podemos observar pela figura de Mina que as mulheres tinham papéis sociais definidos no núcleo familiar ao cuidar da criação dos filhos e no suporte à carreira dos maridos.

O espaço da mulher pode muito bem continuar a ser o mesmo sem ser considerado inferior, para isso temos o exemplo da heroína. Também o fato de o grupo combater o mal representado pelo vampiro, seguindo-o até seus domínios, significava salvar a jovem do futuro a que estava fadada, fosse pela doença transmitida pelo vampiro ou pelas incertezas que se desenhavam pela emancipação feminina. O desejo de possuir direitos iguais aos dos homens colocou-as em uma função de que não se poderia ter real dimensão; seus papéis estavam havia muito demarcados, ou seja, aqui mostrou-se, por parte dos personagens mais modernos da obra, a resistência ao novo, moderno. Fica então uma visão do caráter divino da mulher, que não pode ser negado tampouco desacreditado, que remonta ao imaginário tradicional. Mina seria, portanto, um conjunto de perfeição. Era o que toda mulher deveria e deve ser. Por isso, Jonathan Harker termina o livro com a seguinte observação sobre sua esposa:

> Algum dia este menino saberá admirar a corajosa e galante mulher que é sua mãe. Ele já conhece sua ternura e seu amor. Mais tarde compreenderá por que um punhado de homens excepcionais a amou tanto a ponto de se arriscar e tudo ousar por seu bem. (1890: p. 244)

No romance de Bram Stoker, o "saber vampirológico" foi teorizado por intermédio de seus personagens amplamente ligados ao campo dos experimentos científicos; expressando claramente essa tendência, vemos o discurso de Abraham Van Helsing sobre os vampiros:

> O *nosferatu*[7] não morre, como a abelha, após uma única picada. Ele só se torna ainda mais vigoroso; e, tornando-se mais forte, tem poder maior de fazer o mal. Esse vampiro que está vivendo entre nós é tão forte quanto 20 homens reunidos; também sua astúcia excede a dos mortais, pois vem desenvolvendo-se há séculos. (1890: p. 165)

A presença da imagem do vampiro representa um fator tradicional, pois sua figura já está incorporada ao folclore e, ao mesmo tempo, encontra-se em constante mudança, justamente pelo fato de sofrer alterações em suas características primevas para se adequar ao tempo em que se inscre. Stoker conseguiu então ligar diversos pontos do imaginário popular à sua narrativa de ficção, criando assim uma figura que representasse melhor os medos de uma nova época.

---

7. Bram Stoker utiliza o termo *nosferatu*, que se tornou célebre no filme de F. W. Murnau (1922), porém o termo na realidade é uma mistura de dois personagens das crenças romenas: *Nosferat,* que significa fantasma propriamente dito – muitas vezes é uma criança natimorta que depois de enterrada volta à vida e deixa sua cova para não mais voltar; transforma-se em cão ou gato, quase sempre preto e *murony*, termo valáquio que seria o espírito nefasto, fruto ilegítimo de dois filhos ilegítimos e vítima de um vampiro.

O VAMPIRO PÓS-DRÁCULA: O SÉCULO XX

$\mathcal{A}$volta dos mortos para aterrorizar os vivos é, sem dúvida, uma crença que se perde no tempo dentro do imaginário humano. Este encontrou maneiras pouco conhecidas para esse pensamento, e repentinamente os vampiros, em suas diversas características, foram suplantados pelo vampiro Drácula, pertencente a um romance que não cessou de ser reeditado, adaptado para o cinema e que inspirou diversos romances ao longo do século XX. Drácula foi, sem dúvida, a figura mais popular que um autor pôde legar.

Por meio da jornada que Bram Soker proporcionou em seu romance, evidenciam-se as implicações geradas pelo avanço da modernidade no período vitoriano. O vampiro, uma figura que a partir do século XVIII, se constitui como mítica, partiu de um imaginário proposto a diversas culturas e povos distintos, e foi acolhido como uma metáfora eficiente para a compreensão do momento histórico único que a sociedade inglesa, em particular, passava naquele momento.

Um vasto público tem familiaridade com as aparições cinematográficas desses seres: em 1913, a primeira aparição, com *O Vampiro* (*The Vampire*), de Robert Vignola, levou o vampiro a um patamar novo. Mas foi em 1922, com *Nosferatu, uma sinfonia de horror*, de

W. Murnau, que o mito se tornou um grande filão e não cessou de criar o que há de melhor e de pior no universo das telonas.

De 1930 a 1940, nada menos que sete filmes tinham como temática o vampiro. Foram 58 filmes de 1913 a 1970. Desde 1958, pôde-se ver Christopher Lee no papel de vampiro ou, pouco antes, o sucesso de Bela Lugosi com seu sombrio conde Drácula.

Figura 8 – *Nosferatu, uma sinfonia de horror*, de W. Murnau, 1922.

Desde 1997 foi possível ver os vampiros no sofá de casa com as séries de televisão *Buffy, a caça vampiros*, sobre uma jovem humana que tem a missão de matar todos os vampiros para o bem da humanidade; *Angel* (1999), um vampiro que caça seres sobrenaturais e que seria uma espécie de continuação de *Buffy*; *Moonlight* (2007); a série em que o personagem principal, um vampiro, é um detetive que usa seus poderes para solucionar casos. Essas três já estão extintas, mas são facilmente encontradas em lojas e locadoras.

Exemplo de sucesso dos últimos anos, *True Blood* (2008), baseada nas crônicas escritas por Charlaine Harris, cujas histórias se passam no sul dos Estados Unidos e possuem conotação política, como a discussão do preconceito e da luta pela igualdade social. A mais jovem, *The Vampire Diaries* (2009), inspirada nos romances de L. J. Smith, conta o conflito entre dois irmãos vampiros e uma jovem humana que traz à tona romances e disputas do passado.

Alguns evidenciariam a proposta do uso do vampiro como metáfora. Por exemplo, Hans Heinz Ewers (1871-1943), em *Vampiro* (1921), identificou Drácula aos judeus, aliando a figura do monstro às pregações antissemitas; já Hans W. Geissendorfer (1941-), em seu livro *Jonathan, os Vampiros não Morrem* (1970), identificou o conde com Hitler triunfante, como se as ideias nacional-socialistas fossem tão imortais como esses monstruosos seres. Drácula, em virtude de sua natureza, suscitou inúmeras possibilidades de identificação, passando muitas vezes a substituir o termo "vampiro" e recebendo por momentos um *status* de adjetivo, e não mais de nome próprio.

Utilizando o mito do vampiro, Richard Matheson (1926-), em seu conto *Eu Sou a Lenda* (1954), mostrou que os avanços tecnológicos de seu tempo poderiam levar toda a humanidade a um destino catastrófico. O desenvolvimento da ciência acarretou a aparição de uma bactéria que infecta o sangue e acaba por transformar as pessoas – vivas ou mortas – em vampiros. Estes seriam prejudicados pela luz e pelo alho, mas não apenas pela cruz: o artefato religioso dependeria da crença do vampiro em vida. Porém, esses novos seres descobriram meios de viver dessa maneira e, organizando uma nova sociedade, saem à caça do último humano da Terra que, ao ser capturado:

> Abruptamente essa percepção se juntou com o que viu no rosto deles – reverência, medo, horror recolhido –, e soube que estavam com medo dele. (...) Robert Neville olhou para fora, para as novas pessoas da Terra. Sabia que não pertencia a elas; sabia disso. Agora, como os vampiros, ele era um anátema, um negro terror a ser destruído. (1954: p.162)

Aqui, ser humano representava uma ameaça, pois veja o que ele pôde fazer com sua própria espécie! Criou-se então uma nova espécie, com fraquezas não previstas. O padrão que regulava a sociedade inverteu-se e deu poder às novas criaturas da Terra. Ser normal aqui é ser anormal. Por outro lado, mostrou a incrível capacidade humana de conviver com as mudanças que o próprio desenvolvimento humano acarreta. Sem dúvida, mostrou um futuro incerto – já que a trama se passa no ano de 1976, portanto no futuro, e foi escrita em um mundo ainda abalado pelo pós-guerra e inseguro quanto aos caminhos tomados pela Guerra Fria.

Em 1981, Paul Wilson (1946-) renovou o gênero com *O Fortim* [A Fortaleza]. A história conta como uma tropa de soldados alemães foi encarregada de ocupar uma antiga fortaleza valáquia, dominando o desfiladeiro de Dinu; mas os ocupantes encontraram uma morte horrível uns após os outros. Um erudito romeno, o professor Cuza, consegue estabelecer contato com o vampiro que revelou ser o visconde Radu Molasar, que vivia no século XV. Cuza lhe pergunta: "Você é um morto-vivo?". Ao que o vampiro responde: "Um morto-vivo? Um *Nosferatu*? Um *moroiu*? Talvez".

O vampiro da trama então se mostra indiferente à tipologia realizada sobre sua natureza, além de não ser prejudicado pelos meios defensivos habitualmente postos em ação: a cruz e o alho não têm efeito; mostra-se a quebra de padrões sociais previamente estabelecidos; há uma mudança nas normas. O monstro não se vê mais como anormal, passando a integrar a mesma realidade dominada pelas normas que a regem.

O RETORNO DO VAMPIRO ROMÂNTICO

Em 1992, veio a adaptação do romance de Bram Stoker para as telas sob a direção de Francis Ford Coppola e, em 1994, *Entrevista com o Vampiro* trazia no elenco os galãs de Hollywood nos papéis principais, uma adaptação bem-sucedida do romance homônimo de Anne Rice (1976).

A autora revela um universo vampírico em que a melancolia e a insatisfação com o mundo se revelam tanto na figura de Louis quanto na de Lestat. A solidão assola o vampiro, pois ele se encontra desenraizado. À medida que o mundo muda, ele não pode mudar com o mundo. Ele permanece o mesmo, uma criatura decadente e ultrapassada ante os tempos modernos.

Porém, essa condição foi vivenciada de maneira distinta por ambos. Enquanto Lestat desprezava tudo que era humano e mundano, aceitando a morte como uma condição implícita à sua sobrevivência e sua imortalidade como única esperança de um futuro melhor, Louis sofria com sua condição e revelava-se um desesperado pelo humano, pela manutenção da vida e pelo direito de os homens morrerem de maneira natural. Considerava a sua função como predador hedionda e feia, conflitando com seus princípios morais. Inevitavelmente sucumbia às suas necessidades vez por outra. É o caso de quando se alimentou da indefesa Claudia:

> Você precisa compreender que àquela altura eu ardia de necessidade física de beber. Não suportaria outro dia sem ali-

mento. Mas havia alternativas: os ratos abundavam pelas ruas e, em algum lugar próximo, um cão uivava desesperado. Poderia ter voado do quarto que escolhera, alimentando-me e voltando sem dificuldade. Mas a pergunta pesava sobre mim: Sou um condenado? Nesse caso, por que sinto tanta pena dela, de seu rosto desolado? Por que desejo tocar seus bracinhos macios, colocá-la agora sobre os joelhos como estou fazendo, senti-la encostar a cabeça em meu peito enquanto acaricio seu cabelo de cetim? Por que faço isso? Se sou um condenado, devo desejar matá-la, só devo desejar alimento para uma existência amaldiçoada, pois, sendo um condenado, só posso odiá-la. (1976: p. 75)

É também no romance de Anne Rice que os vampiros são atraídos por pessoas do mesmo sexo; com o advento da Aids e, cada vez mais, o peso dos movimentos pela liberdade sexual, o livro retratou um tipo de vampiro específico de um tempo em que o moderno regulamentou de forma eficiente as posturas sociais, e ser diferente é possível desde que se respeitem as normas.

Quem não se lembra, então, de ter visto a adaptação do romance para as telas, em 1994, da cena em que Louis vai ao cinema assistir pela primeira vez, desde que se transformou em vampiro, ao nascer do Sol? É justamente ali que o diferente não pode mais resistir; a tecnologia moderna desenvolveu-se suficientemente para não permitir mais que o anormal tenha espaço como tal: ele faz parte da mesma dinâmica social, está inserido nela; existe espaço para a diferença, e os avanços tecnológicos permitem isso. No mundo, não existe mais espaço para o anormal. O monstro não existiria mais, as suas possibilidades estariam em uma diferença regulada pelos dispositivos sociais de normalização, e apenas isso.

Rice foi responsável por retomar as ideias originais de Stoker e ampliá-las ao extremo, criando um conjunto de vampiros que busca incessantemente conectar-se aos outros, estabelecer um paralelo com o tempo presente. Vampiros melancólicos e decadentes, fascinados e temerosos com o mundo moderno.

Aliadas às adaptações cinematográficas dos romances de Stoker e Rice, temos as sequências de *Blade – O caçador de vampiros* (1998), *Blade II – O caçador de vampiros* (2002), *Blade Trinity – A perseguição final* (2002), *Blade – A nova geração* (2006), que refletem um caçador de vampiros que também é vampiro e luta contra sua condição – baseado nos quadrinhos da famosa Marvel. *Anjos da Noite – Underworld* (2003), *Anjos da Noite – A evolução* (2005) e *Anjos da Noite – A rebelião* (2009) retomam a estética e o comportamento do romantismo de finais do século XVIII como um nítido reflexo melancólico ante o descontentamento com o novo, moderno.

Finalmente, em 2008, *Crepúsculo*, o primeiro longa da série criada por Stephanie Mayer chegava aos cinemas, com um público fiel e de diversas faixas etárias, para acompanhar o romance impossível de Bella e Edward. Seguindo referências que remontam a uma tragédia shakespeariana como Romeu e Julieta – uma das obras que a autora expõe nas páginas do livro –, esse amor não poderia perdurar, pois a sociedade não admitiria a existência, tampouco aceitaria a convivência entre um morto-vivo e uma humana.

Em *Crepúsculo*, Edward, pertencente a uma família de vampiros, conhece Bella e se sente atraído de maneira intensa pelo sangue da jovem, a ponto de desejar atacá-la e matá-la, o que estaria em desacordo com os princípios de sua família, os quais o líder Carlisle havia lhe ensinado.

Edward tentou, portanto, ter um relacionamento pacífico com Bella, sem se importar com o que ela pensasse dele. Porém, essa tensão entre desejo de sangue e cuidado com a vida humana cria nele um conflito que por fim gera entre os jovens uma forte paixão. Ela começa a desconfiar, embora Edward negue que exista qualquer coisa fora do comum. Eles se tornam amigos e consequentemente acabam se apaixonando. Ele alerta Bella constantemente dos riscos que corre ao permanecer próxima a ele, mas a jovem prefere correr todos os riscos a manter-se longe de sua paixão.

Os valores de Edward também se apresentam de fundo melancólico. Ele não desejava ser um vampiro, e a tristeza com sua condição e suas opções de futuro soam amargas. É apenas com Bella que ele compartilha poucos momentos de felicidade, mas sempre pontuados pelo medo de sucumbir aos seus instintos e feri-la.

"Não vê, Bella? Uma coisa é eu mesmo ficar infeliz, outra bem diferente é você se envolver tanto." Ele virou os olhos

> angustiados para a estrada, suas palavras fluindo quase rápidas demais para que eu entendesse. "Não quero ouvir que você se sente assim." Sua voz era baixa mas urgente. As palavras me açoitavam. "Está errado. Não é seguro. Eu sou perigoso, Bella... Por favor, entenda isso." (2005: p. 153)

Quando Bella pede a ele que a transforme, isso parece um absurdo a seus ouvidos, pois quem desejaria transformar-se em um terrível monstro por livre e espontânea vontade? Como poderia Edward condenar sua amada à imortalidade e a todas as implicações disso, como viver no anonimato, privado de liberdade, se expor à luz do sol, de não desfrutar a alegria momentânea que os humanos podem sentir com suas conquistas terrenas? Como poderia privá-la de sua família e amigos, quando, se pudesse, trocaria tudo para ter a chance de viver como humano?

Em *Lua Nova*, Bella recebe outro temor em relação ao seu romance, o destino inevitável de sua vida: o envelhecimento e a morte.

> Não havia vovó nenhuma.
> Aquela era *eu*. Eu em um espelho. Eu – anciã, enrugada e murcha.
> Edward estava ao meu lado, sem reflexo, lindo de morrer e com 17 anos para sempre.
> Ele apertou os lábios perfeitos e gelados em meu rosto desgastado.
> "Feliz aniversário", sussurrou ele. (2006: p. 15)

Enquanto Edward permaneceria igual fisicamente para todo o sempre, ela envelheceria a cada dia. O tempo se tornou um impasse a esse relacionamento que estaria fadado ao fim.

Em uma direção contrária, o tempo para Edward é encarado de outra maneira. Bella é o elo que ele possui com o mundo presente. Ela que o põe em contato direto com os pensamentos dessa geração. Ela consegue passar a ele valores de família, amigos, protocolos sociais, vida, morte, sexualidade. Ele, por sua vez, dialoga com ela a partir do momento que retoma ideais de sua época como humano. É nesse aspecto que se desenha um aspecto importante dessa saga: a troca de valores entre momentos díspares.

Seguindo um pensamento já presente em *Drácula* e reavivado por *Entrevista com o Vampiro*, a relação entre gerações seria o grande mote da saga *Crepúsculo*.

Um novo marco para o mito do vampiro surge no início do século XXI: um vampiro jovem, adequado à sociedade, que anda de dia, que exerce uma profissão, mas que estaria vivo há séculos. Seu grande desafio está justamente na retomada de antigos padrões morais perdidos. Em certo sentido, esse vampiro encontrou suas origens na década de 1980 e evoluiu para um ser repleto de paradoxos e contrassensos.

Em um momento no qual existe a decadência, tão discutida pelas ciências humanas em relação à moral vigente no início do século XXI; em que se observam um comportamento de agressividade e uma ausência de qualquer valor relacionado à comunidade ou à coletividade; em que se avista um crescente desrespeito ao próximo – principalmente a instituições estabelecidas como família, casamento, infância e velhice –, a juventude busca cada vez mais um espaço seguro dentro de todo o emaranhado de sentidos e possibilidades que existem. Cotidianamente os jovens enfrentam um universo completamente novo, experiências com que, por falta de base, não sabem como lidar.

Edward dá a Bella alternativas para instituições sociais que parecem perdidas em suas funções, pois, em sua época, elas eram referências sem as quais não se podia viver. A insistência com que Edward quer se casar com a jovem demonstra isso claramente: existe, para ele, um significado maior em todas as formalidades sociais que ela não consegue perceber, afinal sua época é marcada pelo profundo desprezo a esses valores.

A aceitação de Bella em seguir o plano de Edward para os dois denota que a jovem quer muito compreender o significado do comprometimento, da sua própria família. O vampiro seria a grande alternativa à rebeldia da jovem quanto ao seu tempo – casar-se significaria ir contra o que a sua geração pregava. Seria uma afronta aos seus pais, que não conseguiram manter uma família, o desinteresse em se guardar para um momento especial, com alguém que se ama. Stephenie Meyer tenta, nas páginas de seu trabalho, reviver e demonstrar a importância desses valores; e a relutância de Bella reflete quanto ela anseia por eles.

Edward e sua família possuem muitas semelhanças com Drácula: ele não assusta, mas sente profundamente falta de valores anteriores ao momento presente. Parece que o passado era melhor e mais belo. Apenas Bella pode legar a ele um futuro feliz, dentre tantas tristezas e decepções que ele vivia.

BIBLIOGRAFIA

LIVROS, ARTIGOS, REVISTAS

A.P.E.C.D.A Books, Londres: número 1, 1867.

ARATA, Stephen D. "The Occidental Tourist: Dracula and the Anxiety of Reverse Colonization" in *Victorian Studies*, vol. 33: 621-645. Londres: 1990.

BACON, Francis. *Essays*. Londres: Wordsworth Editions, 2002.

BARTHES, Roland. *Crítica e Verdade*. São Paulo: Perspectiva, 2003.

_____ *O Neutro*. São Paulo: Martins Fontes, 2003.

_____ *Aula*. São Paulo: Cultrix, 2004.

_____ *O Grau Zero da Escrita*. São Paulo: Martins Fontes, 2004.

_____ *O Prazer do Texto*. São Paulo: Perspectiva, 2004.

BENJAMIN, Walter. *Obras Escolhidas*. São Paulo: Brasiliense, 1996. Vol 1.

BERMAN, Marshall. *Tudo que é Sólido Desmancha no Ar*. São Paulo: Companhia das Letras, 2002.

BLACK, E. *A Guerra Contra os Fracos*. São Paulo: A Girafa, 2003.

BOTTING, F. *Gothic, the New Critical Idiom*. Londres: Routledge, 1996.

BRESCIANI, Maria Stella M. *Londres e Paris no Século XIX: O Espetáculo da Pobreza*. São Paulo: Brasiliense, 2002.

CAMPBELL, J. *O Herói de Mil Faces*. São Paulo: Cultrix/Pensamento, 2002.

CANETTI, Elias. *Massa e Poder*. São Paulo: Companhia das Letras, 2005.

CURRAN, Bob. *Vampiros: Um guia sobre as criaturas que espreitam a noite*. São Paulo: Madras, 2008.

DARWIN, Charles. *A Origem das Espécies e a Seleção Natural*. São Paulo: Madras, 2010.

_____ *The Variation of Animals and Plants under Domestication*. Baltimore: Johns Hopkins Univesity Press, 2002.

DARMON, P. *Médicos e Assassinos na Belle Époque*. Rio de Janeiro: Paz e Terra, 1991.

DELUMEAU, Jean. *História do Medo no Ocidente*. São Paulo: Companhia das Letras, 2000.

DOBSON, Mary J. *Contours of Death and Disease in Early Modern England.* Cambridge: Cambridge University Press, 2002.

ECO, Umberto. *Seis Passeios pelos Bosques da Ficção.* São Paulo: Companhia das Letras, 1994.

_____ *Interpretação e Superinterpretação.* São Paulo: Martins Fontes, 2005.

ELIADE, Mircea. *Mito e Realidade.* São Paulo: Perspectiva, 2002.

ELIAS, Norbert. *Sobre o Tempo.* Rio de Janeiro: Jorge Zahar, 1998.

_____ *O Processo Civilizador: Uma História dos Costumes.* Rio de Janeiro: Jorge Zahar, 2000.

_____ *O Processo Civilizador: Formação do Estado e Civilização.* Rio de Janeiro: Jorge Zahar, 2002.

ENGELS, F. *The Condition of the Working Class in England.* Oxford: Oxford University Press, 1998.

FONTANA, E. "Lombroso's Criminal Man and Stoker's Dracula" in *Victorian Newsletter,* vol. 42: 20-29, 1972.

FOUCAULT, Michel. *História da Sexualidade: A Vontade de Saber.* Rio de Janeiro: Graal, 2001.

_____ *As Palavras e as Coisas.* São Paulo: Martins Fontes, 2002.

_____ *A Ordem do Discurso*. São Paulo: Edições Loyola, 2006.

_____ *História da Loucura*. São Paulo: Perspectiva, 2005.

_____ *O Nascimento da Clínica*. Rio de Janeiro: Forense Universitária, 2004.

_____ *Microfísica do Poder*. São Paulo: Graal, 2007.

GINZBURG, Carlo. *Mitos, Emblemas, Sinais*. São Paulo: Companhia das Letras, 2004.

HABERMAS, J. *O Discurso Filosófico da Modernidade*. São Paulo: Martins Fontes, 2002.

HOBSBAWM, E. J. e RANGER, T. (org.). *A Invenção das Tradições*. Rio de Janeiro: Paz e Terra, 2002.

HOBSBAWM, E.J. *A Era das Revoluções, 1789-1848*. Rio de Janeiro: Paz e Terra, 2007.

_____ *A Era do Capital, 1848-1875*. Rio de Janeiro: Paz e Terra, 2007.

_____ *A Era dos Impérios, 1875-1914*. Rio de Janeiro: Paz e Terra, 2003

HARRIS, Ruth. *Assassinato e Loucura: Medicina, Leis e Sociedade no Fin de Siècle*. Rio de Janeiro: Rocco, 1993.

JAUSS, Hans Robert e OLINTO, Heidrun Krieger (org.). "Tradição Literária e Consciência Atual da Modernidade" in *Histórias de Literatura*. São Paulo: Editora Ática, 1996.

KLINE, Salli J. *The Degeneration of Women: Bram Stoker's Dracula as Allegorical Criticism of the Fin de Siècle*. Londres: CMZ Verlag, 1992.

KONSTANTINOS. *Vampiros: A verdade Oculta*. São Paulo: Madras, 2006.

KRAMER, Heinrich e SPRENGER, James. *Malleus Maleficarum – O Martelo da Feitiçeiras*. Rio de Janeiro: Rosa dos Ventos, 2010.

LANE, N. "Born to the purple: the story of porphyria" in *Scientific American*. Edição digital, 12/2002.

LECOUTEUX, Claude. *História dos Vampiros: Autópsia de um Mito*. São Paulo: Unesp, 2001.

_____ *Das Reich der Nachtdämonen. Angst und Aberglaube im Mittelalter*. Berlim: Artemis & Winkler, 2001.

LOMBROSO, Cesare. *Criminal Man*. Durham: Duke University Press, 2006.

MACHADO, Roberto. *Foucault, a Filosofia e a Literatura*. Rio de Janeiro: Jorge Zahar, 2005.

MAUDSLEY, Dr. *Mental Responsibility.* Londres, 1873.

MELTON, J. Gordon. *Enciclopédia dos vampiros.* São Paulo: M. Books do Brasil, 2008.

_____. *O livro dos vampiros.* São Paulo: M. Books do Brasil, 1995.

MORT, Frank. *Dangerous Sexualities: Medico Moral Politics in England since 1830.* Londres: Routledge, 2000.

NIETZSCHE, Friedrich. *Além do Bem e do Mal.* São Paulo: Companhia das Letras, 2007.

PELLEGRINE, Luís. *O decálogo dos vampiros.* Planeta. Ano 24, n.6, pp. 44-50, 6 de junho de 1996.

PORTER, Roy. *Das Tripas Coração: uma Breve História da Medicina.* Rio de Janeiro: Record, 2004.

_____ *Madness: A Brief History.* Oxford: Oxford University Press, 2005.

REBOLLO, R.A. "A Difusão da Doutrina da Circulação do Sangue: a Correspondência entre William Harvey e Caspar Hofmann em Maio de 1636" in *História, Ciências, Saúde — Manguinhos,* vol.9(3): 479-513, set.- dez, 2002.

ROCQUE, L.de L. e TEIXEIRA, L.A. "Frankenstein, de Mary Shelley e Drácula, de Bram Stoker: Gênero e Ciência na Literatura" in *História, Ciências, Saúde — Manguinhos,* vol. 8(1): 10-34, mar.-jun., 2001.

RODRIGUES, Andrezza C. F. *Drácula, um Vampiro Vitoriano: O Discurso Moderno no Romance de Bram Stoker.* Dissertação de Mestrado em História Social. PUC-SP, 2008.

RITVO, H. *The Animal Estate: The English and Other Creatures in the Victorian Age.* Cambridge (Massachusetts): Harvard University Press, 1995.

SCHIEBINGER, L. *Has Feminism Changed Science?* Cambridge (Massachusetts): Harvard University Press, 1997.

SENF, Carol A. "Dracula: Stoker's Response to the New Woman", in *Victorian Studies,* vol. 26: 33-49. Londres, 1988.

_____ *Dracula: Between Tradition and Modernism.* Nova Iorque: Twayne Publishers, 1998.

SENNET, Richard. *Carne e Pedra: o Corpo e a Cidade na Civilização Ocidental.* Rio de Janeiro: Record, 1997.

SEVCENKO, N. *Literatura Como Missão.* São Paulo: Companhia das Letras, 2003.

SHORTER, Edward. *A History of Psychiatry: From the Era of the Asylum to the Age of Prozac.* Nova Iorque: John Wiley & Sons, 1997.

SIDKY, H. *Witchcraft, Lycanthropy, Drugs, and Disease: An Anthropological Study of the European Witch-Hunts.* Nova Iorque: Peter Lang Publishing, Inc., 1997.

STAROBINSKI, J. "A Literatura: O Texto e Seu Intérprete" in LE GOFF, J. e NORA, P. *História: Novas Abordagens*. Rio de Janeiro: Francisco Alves, 1994.

THOMAS, Keith. *Religião e o Declínio da Magia*. São Paulo: Companhia das Letras, 1991.

THOMPSON, E. P. *Costumes em Comum*. São Paulo: Companhia das Letras, 2000.

TOCQUEVILLE, A. *A Democracia na América, vol.1*. São Paulo: Martins Fontes, 2005.

TOLKIEN, J.R.R. *Interviews, Reminiscences, and Other Essays*. Londres: Houghton Mifflin, 2006.

WALKOWITZ, Judith R. *Prostitution and Victorian Society: Women, Class, and the State*. Cambridge: Cambridge University Press, 2001.

WEBER, M. *Die protestantische Ethik*. Heidelberg: Heidelberg, 2001.

WESTMINISTER REVIEW, "*The New Witches' Hunt*". Londres: número 26, 1874.

OBRAS LITERÁRIAS DE REFERÊNCIA

ARGEL, Martha e NETO, Humberto Moura. *O vampiro antes de Drácula*. São Paulo: ALEPH, 2008.

HARRIS, Charlaine. *Vampiros em Dallas*. São Paulo: ARX/Saraiva, 2009.

MEYER, Stephenie. *Crepúsculo*. Rio de Janeiro: Intrínseca, 2008.

_____. *Lua Nova*. Rio de Janeiro: Intrínseca, 2008.

_____. *Eclipse*. Rio de Janeiro: Intrínseca, 2008.

_____. *Amanhecer*. Rio de Janeiro: Intrínseca, 2009.

RICE, Anne. *Entrevista com o Vampiro*. Rio de Janeiro: Rocco, 1992.

SMITH, L. J. *Diários do Vampiro – O Despertar*. Rio de Janeiro: Galera Record, 2009.

_____. *Diários do Vampiro – O Confronto*. Rio de Janeiro: Galera Record, 2009.

_____. *Diários do Vampiro – A Fúria*. Rio de Janeiro: Galera Record, 2010.

_____. *Diários do Vampiro – Reunião Sombria*. Rio de Janeiro: Galera Record, 2010.

STOKER, Bram. *Dracula*. Londres: Penguin Books, 2001.

TORO, Guilhermo Del e HOGAN, Chuck. *Noturno*. Rio de Janeiro: Rocco, 2009.

Leitura Recomendada

LENDAS DE SANGUE

O Vampiro na História e no Mito

Flavia Idriceanu e Waine Bartlett

Quase todas as culturas possuem mitos de vampiros, de monstros com olhos avermelhados e cabeleira rosa e verde, como na China, e o Lamia, na Grécia, o comedor de criancinhas, assim descrito.

A SEDUÇÃO DO VAMPIRO

Gênero, Ficção e Cultura de Fãs de Bram Stoker a Buffy

Milly Williamson

A Sedução do Vampiro Gênero, Ficção e Cultura de Fãs de Bram Stoker a Buffy explora o eterno mito de Drácula e dos vampiros e o porquê de esse mito ter-se mantido tão popular, por tanto tempo.

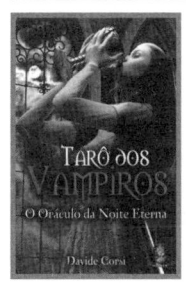

TARÔ DOS VAMPIROS

O Oráculo da Noite Eterna

Davide Corsi

A obscuridade da alma define o limite entre o homem e o monstro. O vampiro é condenado aos círculos eternos de declínio e redenção, morte e vida. A obra inclui 78 lâminas coloridas

TRUEBLOOD E A FILOSOFIA

Coletânea de George Dunn e Rebecca Housel

Deus odeia caninos? Sam ainda é Sam quando se transforma em um collie? Sair do caixão é o mesmo que sair do armário? Todos os vampiros são ruins desde a sua criação? Vampiros, lobisomens, metamorfos, fadas, telepatas – *True Blood e a Filosofia* tem tudo isso.

www.madras.com.br

Leitura Recomendada

BUFFY – A CAÇA-VAMPIROS E A FILOSOFIA
Medos e Calafrios em Sunnydale
William Irwin

O vampiro é um ícone presente nos dias de hoje, e tem sido assim há milênios. A cultura popular, especialmente a televisiva, tem se valido deste ser para alavancar os índices de audiência de seus programas.

CREPÚSCULO E A FILOSOFIA
Rebecca Housel e J. Jeremy Wisnewski

Englobando tudo, desde o Taoísmo à leitura de mentes até o lugar de Deus em um mundo de vampiros, este livro oferece uma filosofia apetitosa tanto para os vivos quanto para os mortos-vivos cravarem seus dentes nela. O que os vampiros podem nos dizer sobre o significado da vida? Edward é um herói romântico ou um perseguidor perigoso? Bella é feminista?

DRÁCULA
Bram Stoker

O verdadeiro Drácula nasceu na Idade Média. Sua vida se passou em castelos, prisões e guerras. É um típico representante da sociedade medieval. Nesse romance, a morte está mais viva do que nunca.

GUIA DAS BRUXAS SOBRE FANTASMAS E SOBRENATURAL
Gerina Dunwich

O Guia das Bruxas sobre Fantasmas e o Sobrenatural não apenas narra as fascinantes experiências pessoais da autora com casas assombradas e encontros com fantasmas, mas também fornece autênticos feitiços, rituais e encantamentos, e apresenta ervas e óleos usados por bruxas para conjurar, banir e se proteger contra os espíritos dos mortos.

www.madras.com.br

MADRAS® Editora
CADASTRO/MALA DIRETA

Envie este cadastro preenchido e passará a receber informações dos nossos lançamentos, nas áreas que determinar.

Nome_____
RG_____CPF_____
Endereço Residencial _____
Bairro _____Cidade_____ Estado_____
CEP _____Fone_____
E-mail _____
Sexo ❏ Fem. ❏ Masc.   Nascimento_____
Profissão _____ Escolaridade (Nível/Curso)_____

Você compra livros:
❏ livrarias ❏ feiras ❏ telefone ❏ Sedex livro (reembolso postal mais rápido)
❏ outros:_____

Quais os tipos de literatura que você lê:
❏ Jurídicos ❏ Pedagogia ❏ Business ❏ Romances/espíritas
❏ Esoterismo ❏ Psicologia ❏ Saúde ❏ Espíritas/doutrinas
❏ Bruxaria ❏ Autoajuda ❏ Maçonaria ❏ Outros:

Qual a sua opinião a respeito desta obra?_____
_____

Indique amigos que gostariam de receber MALA DIRETA:
Nome_____
Endereço Residencial _____
Bairro _____Cidade_____ CEP_____

Nome do livro adquirido: ***História dos Vampiro***

Para receber catálogos, lista de preços e outras informações, escreva para:

MADRAS EDITORA LTDA.
Rua Paulo Gonçalves, 88 – Santana – 02403-020 – São Paulo/SP
Caixa Postal 12183 – CEP 02013-970 – SP
Tel.: (11) 2281-5555 – Fax.:(11) 2959-3090
www.madras.com.br

Este livro foi composto em Times New Roman, corpo 12/14.
Papel Offset 76g
Impressão e Acabamento
Graphium Gráfica e Editora — Rua Jose dos Reis, 84
— Vila Prudente/São Paulo/SP
CEP 03139-040 — Tel.: (011) 2769-9056 —
e-mail: vendas@graphium.com.br – www.graphium.com.br